U0044681

香港教育

更新、變革與轉型

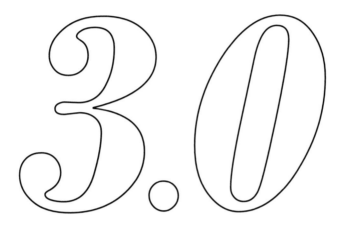

3.0

孔德維 主編

▋導言：更新變化中的香港教育

孔德維

　　Jim Collins在《飛輪效應：A+企管大師7步驟打造成功飛輪，帶你從優秀邁向卓越》（*Turning the Flywheel: A Monograph to Accompany Good to Great*）中以「飛輪效應」（The Flywheel Effect）推斷，在各樣技術躍進的狀態下，當下世界將迎來翻天覆地而無可回復的變化：飛輪在靜止要費力才能推動，每一圈慢慢地推，但其後時飛輪便會開始自行轉動，並愈來愈快。事實上，21世紀在通訊與物流科技革新的進程中，人類社會的形式甚至難以趕上改變的步伐。這樣的改變由何而來呢？人類第一部智慧型電話在2007年出現後，通訊模式由語音轉移至數據、網際網路的使用也由定點轉為移動。由於有了廣大的客戶需求，4G標準的傳遞技術不過一年後就成為普及的民用技術。如今，世界各國爭相應用的5G技術，傳輸數據的速率比現有4G快近百倍，從前只存在於哆啦A夢世界的「道具」：居家使用人工智能（artificial intelligence，AI）機械人（或貓）、遠

端醫療、實時大型會議、運動比賽等等，都可以說是可即可及的「未來」。正如歷史上任何一次重大技術革新，經濟活動形式的轉型必然令現有行業被更便捷的科技取代；慮及人工智能的普及將至，可以想像未來的失業率或會較歷史上任何時刻嚴峻。不少人認為，相較過去五百年的工業革命，我們這個時代革命的主題是「機器取代心智」，包括知識、美學、人事管理等傳統上被認定是無以取代的領域。當一切都被「自動化」所取代後，社會可以如何發展呢？以經濟學的方式表述，我們可以問：「資源不再由人類生產，資源又該如何分配呢？」過去十年鼓吹「無條件基本收入」（Unconditional Basic Income）的不再是傳統意義下的「共產主義」者，而是留意到技術革新重構了經濟模式、社會結構以至倫理觀念的科技界鉅子，如Tesla的創辦人Elon Musk就是「均產」的重要鼓吹者。

　　當然，認為技術革命促成人類社會無垠苦難的觀點在過去三百年曾多次出現。早在18世紀工業革命，由於西歐農村人口大量擁入城市的工廠，的確在短時間內做成大量失業。相對於勞力密集的農業，工廠工作體力要求相對為輕，女工、童工與囚徒又成為了新的勞動人口，自然構築出一個「人」為「機械」生吞活剝的「悲慘世界」。但是，新的技術同時亦製造了大量新型工作，從宏觀的歷史角度看，人類在18世紀以後的確獲得更長的壽命與更多的生活資源。無論跨國運輸、大型倉庫、鐵路建設、輪船製造等等工作，均是過去不能想像的事物。在未來，是否也會有新的工種出現呢？

在20世紀末的香港經濟轉型，香港政府設立了僱員再培訓局等一系列措施，對應產業轉型、金融風暴、政治變動與世界性疫症構成的完美風暴。在高失業率業已出現後方從培訓下手，自然遭受慘痛教訓。避免歷史重複，正是教育者的責任。

本書17位作者均為香港教育界成員，參與香港教育工作不同崗位，對上述種種問題有深切體會。本書上篇「青年教育革新」關注了本港中學及高中教育的變動與教育界的回應。「教育大格局」篇以宏觀的視角梳理了當下香港青年教育的種種問題，及未來的更多挑戰；「未來，我們學習什麼？如何學習？」與「教育現場的變革」的部分則分別闡釋了未來數年香港當迎來的教育改革的理念與實踐困難，一眾作者提供了藍圖綱領與實際前線環境的觀察，引導關心香港教育問題的讀者思考教育改革的必要性與可能性；貢獻於「香港身分教育的糾結」及「未來學習與生涯規劃」部分的作者則就兩個香港教育的具體問題作出探討，申論了香港獨有歷史所構成的身分認知議題與高競爭及全球化經濟環境下的就業議題，分別對香港教育的「教」與「學」所帶來的影響。

本書下篇則關於香港的「幼兒及兒童教育」。「我們正面對怎樣的兒童教育？」部分針對近年大環境的改動，眾作者挑出了自身觀察與回應。文章論及的改變包括社會經濟環境轉變、制度遷移、師資培訓形式與成果的更迭及科學技術的革新等等，雖然看似對與成人社會疏離的幼兒及兒童之成長及教育並無關聯，但讀者卻可以在一眾作者的介紹下，得悉香港提供幼兒及兒童教育的教師為相關

問題作出了何種準備；「後疫情下的兒童教育」則針對了當下仍困擾全球的疫情對幼兒及兒童教育的波及，以及學校與家庭在此艱難條件下所當負擔的角色；異於上述兩個篇章，「孩子學習面面觀」關心的則是新的社會環境下，教育者在參與幼兒及兒童教育時所當具備的整體性的教育哲學與原則性思考；最後，「親子教育，與孩子同行」的部分則述說了情感與價值教育在可見的未來所需面臨的轉變與教育者（不論學校與家長）當具備的心態。

曹丕〈典論・論文〉謂「文章」為「經國之大業，不朽之盛事」，乃因文章的影響力往往超越於當下的世代，勢必影響及未來的讀者。教育的成果雖然未必及乎「文章」的長時間影響力，但也會左右社會演化的路徑。世界不斷變動是人類社會恆久地面對的問題，但知識的創造與傳承卻正正是人類應對變動的方式，故Ibn al-Mubarak的《聖訓》就提醒穆斯林應該「從搖籃到墳墓」均需要學習。在21世紀，資訊發達到我們可以在YouTube收看任何學術大師講課的時代，知識唾手可得，正規教育還是必要的嗎？就此，教育界自身亦自然需要繼續的學習與反思，這部小書應部被視為這種自我革新過程的一個小里程碑。

目次

下篇：幼兒及兒童教育

我們正面對怎樣的兒童教育？

後疫情下的兒童教育

孩子學習面面觀

親子教育,與孩子同行

上篇

青年教育革新

教育大格局

香港教育：
為孩子的未來，
預備好再走上崎嶇的改革道路沒有？

曾家洛

　　怎樣才叫「人才」？怎樣才稱得上具有「競爭力」？這些問題並無劃一答案。而這些問題對香港尤其重要，因為我們缺乏天然資源，城市發展有賴人才匯聚。

　　現時香港大部分家長，甚至個別教育同工（編按：即「同業」，指從事相同行業的人或團體），仍然視成績為最主要的人才考量條件。然而，這種自科舉制度以來，根深柢固的想法，正受到挑戰。簡單而言，今天對「人才」和「競爭力」的理解，如果放在剛入學的小朋友身上，到他們十多年後長大了，投身社會時，這種理解是否仍適切呢？隨著人工智能、5G等科技的發展和應用，世界正快速變遷，令上述問題的答案為「否」。

國際提倡培育核心素養應對未來快速變化 ──────

面對上述情勢，國際教育上興起了一個新名詞「核心素養」。它代表了一個人為適應現今生活及面對未來挑戰，所應具備的一籃子能力。

不同國家和地區對何謂「核心素養」均有不同理解。新加坡提出的21世紀學生核心素養新框架（New framework for 21st century competencies and student outcomes），就區分為價值觀素養、社交與情緒素養和21世紀的特殊素養。當中21世紀的特殊素養維度，包括了：1.公民能力、全球意識、跨文化素養；2.批判與創造思考；3.訊息溝通三項指標。在台灣，108課綱亦提出了九個核心素養項目，並藉此達到連貫和統整各領域／科目的課程內涵。而在歐洲，歐盟在2006年也列舉和推薦八項針對終身學習的核心素養，供各成員國教育單位參考。

雖然上述各地重視的核心素養內容不同，但同樣利用此一概念，帶動自身教育界進行新一波變革。其目的也是透過學校讓孩子掌握適切未來的能力，避免競爭力下降。但當我們將目光轉回香港，卻是另一幅景象：自2000年提出教育改革後，香港至今仍然未有引進適切國際大勢、應對未來變化的新教育內涵，以至再度審視現今課程、教學法和評估方式。這一狀況著實令人擔憂。長此以往，香港人的競爭優勢將會日漸衰落。

未來香港教育改革路向的三個芻議 ━━━━━━━━

有鑑上述情況，筆者綜合國際例子、文獻和香港情況，提出以下三個芻議：

1. 列舉適切香港未來發展的核心素養

縱觀國際不同例子，雖然所臚列的核心素養有所不同，但亦有一些重疊範圍，主要包括語言、科技、全球和思維四個大方向。牛津經濟研究院（Oxford Economics），在《2021全球人才》（*Global Talent 2021*）中，亦不約而同地列舉了敏捷思考（Agile Thinking）、數位商業技巧（Digital Business Skills）、全球運作技巧（Global Operating Skills）和關係建立（Relationship Building）作為未來人才四大條件。故筆者認為以下四個核心素養，當為未來香港教育理應重視的指標：

- 語言、符號與溝通表達；
- 科學與數位素養；
- 全球意識與跨文化素養；
- 系統思考、解決問題與創新應變。

2. 教師為教程設計師：深度把握知識如何應用於生活／情景中。

將核心素養的各種能力應用在生活／情景中，學習改進狀況和解決問題，是培育學生應付未來挑戰的重點策略。然而，正如現時推動STEM教育〔編按：STEM是科學（Science）、技術（Technology）、

工程（Engineering）及數學（Mathematics）四類學科的首字母縮寫〕的經驗，進行教授過程中往往出現一些誤區，影響成效。筆者和一些教師作訪談時，就曾聽聞以下評語：學生在過程中很開心，因為能砌和玩不同東西。但他們到底學到多少？我們也沒有把握。

　　教師使用「素養導向」教育法初期，經常會出現以上情況。因為教師需要改變一直施行的傳統教育方式，同時要避免在操作新方法時，流於表面，失去協助學生探索，刺激想法的機會。

　　面對這一狀況，教師需要轉型為一個設計師，要有效地剪裁教程，設計探索位置和引導學生反思，才能達到深度學習。否則學生往往只是做了些東西出來，卻不清楚運用了什麼知識，亦無從建立任何對應用有關知識的想法。其實，「素養導向」教育法比起傳統方式對學生的要求更高，不僅要學生學懂知識，更要求他們思考如何在生活／情景中運用這些知識，想像有否其他可能性，並反思和他們過去的認知有何差別，原因何在。

3. 發展合適的升學評估方式。

　　評估方式及其所影響的升學途徑，是學生、家長和老師最關心的課題。因此，要談論教育改革，必須要碰和改變評估這塊大石頭。如果考試方式不變，無論課程內容更新和教育法如何變化，始終無法扭轉社會根深柢固的意識。針對評估方式的變化，筆者有以下兩點建議：

- 檢視考試題型和衡量分數的條件是否過分著重記誦知識，以及如何改動題型和衡量條件才能反映核心素養要求的內涵。關於這點，學生能力國際評估計畫（Programme for International Student Assessment，PISA）新近發展的非認知能力評量，諸如「全球素養」（global competence，另譯「國際勝任力」）的評量架構就是一種新嘗試，值得參考和延伸至關乎升學的能力評量當中。
- 改動大學入學要求，在聯招中除了以文憑試成績作為主要排位標準外，亦容納多元評量方式及計算。這亦是一項不可或缺的變化。若我們只提倡核心素養，而沒有將之轉化為評估和升學途徑中具有價值的影響因素，是無法將改革精神貫徹於現實當中的。

香港教育工作者：預備好再次上路沒有？

牛頓曾經說過：「如果我能看得更遠，那是因為站在巨人的肩膀上。」作為教育工作者，我們的責任是引導下一代能夠走到這個肩膀上，看到和過往不一樣的風景。然而，這個積累千年的知識巨人，卻在近數十年間，因著科技及社會發展所產生的海量知識，而變得比過往任何時代都更巨大。同樣是短短十多二十年的就學時期，現今教師在這一過程中要引領學生爬上的高度將大大不同以往。

香港於2000年起動的教育改革，隨著全球新一波教育革新和落實下，似乎將顯得落後。當年改革由提出到實施，足足用了十年時

間，然而在這段時間，世界卻已進入另一階段。我們的官員、議員和教育工作者們，到底有否勇氣和毅力，再次承擔重任，讓未來香港人才培訓，不致落後於人呢？這不僅是下一代競爭力的問題，更關乎香港是否足以維持自身優勢，有能力應對未來的新經濟世界。

香港教育的崎嶇路：
藉引導教師發揮創發力克服桎梏

曾家洛

　　正所謂「知易行難」。我們或許意識到再次改革教育的必要性，卻感到難以實行。筆者於前文提出香港教育按國際趨勢及未來人才需求需要再次改革，便隨即收到一些教育同工的意見，表示：「口說容易，但真的做起來，卻是非常非常非常困難！」這番話背後的含意，確實值得我們深思：為何教師覺得難以推行改革？到底香港教育改革的難點在哪兒？本文作為下集，希望與各位一同探討和分享。

香港課程改革的困擾：壓力非常的上移下過程 ───────

　　數算時間，原來香港啟動上一次課程改革已是2000年。而2009年實施新學制，標誌著改革落實。然而，整個過程卻有著一頁頁血淚史，如引發教師自殺問題。不少學者，如霍秉坤和葉慧虹

（2010）、林智中、余玉珍和李玲（2019）等，在推動課程改革十週年和二十年時均作了回顧和檢討，指出箇中問題：

- 管理主義主導，著重上移下地施行，帶來限制；
- 課程改革及發展過程，較側重官員、課程學者、專家等人意見，教師參與專業制訂不足；
- 學校領導層和教師工作量高、壓力大，構成妨礙因素。

教育同工經歷了一次痛苦的改革過程後，又能否為學生學習帶來重大效益呢？根據林智中、余玉珍和李玲（2019）的研究，指出「單從現時的國際調查研究報告來看，很難確定課程改革直接給學生帶來學習改進。但能確定的是：課改之後初中學生在主要學科的能力水平與世界其他地方比較，並沒有明顯下降。但是隨著高中學制轉變，高中學生在數學和科學的整體表現有下滑跡象，學科尖子愈來愈少，而大學方面亦要為新生在數理科學習上進行補救措施。」而課改後學生在資訊科技方面的能力亦稍遜。這些結果均顯示，香港課程改革由開始至今，給香港教育帶來的困擾，並未因落實而消除，反而帶來不少隱憂。

國際經驗：2000年後各國課改日程與走向

追本溯源，香港教育改革建基於2000年發表的〈終身學習、全人發展：香港教育制度〉文件。這一文件參照上世紀末全球各地教育改革的趨勢而制定，本身具有一定前瞻性。然而它在落實後，已漸漸跟不上全球教育不斷變化的狀況。

事實上，在2000年後，全球各地因應社會急速變化、科技發展等因素，於課程改革方面均以核心素養為重點。早於1997年，經濟合作暨發展組織（Organization for Economic Cooperation and Development，OECD）已展開有關核心素養的研究，於2005年發布題為〈素養的界定與遴選〉（Definition and Selection of Competencies: Theoretical and Conceptual Foundations，DeSeCo）的研究報告。其後OECD便據此持續探討及深化教育模式和評估方式，並於2018年推出全球素養框架。

這種趨向在各地課程改革中也能看到。例如歐洲議會在2006年通過有關終身學習的核心素養（key competences for lifelong learning）的建議，提出全球化下每個人應具備的核心素養；新加坡於2014年發布〈新加坡學生21世紀技能和目標框架〉；台灣於2019年實施「108課綱」，以核心素養作為課程發展主軸。而在美國，21世紀學習聯盟（Partnership for 21st Century Learning）自2003年起提倡21世紀技能（21st Century skills），以及STEM教育興起，也可說是與上述教育趨勢相呼應。

反觀香港，雖然教育改革列舉了學生需要具備的共通能力，但根據課程文件，其定義為「幫助學生學會掌握知識、建構知識和應用所學知識的技巧、能力和特質」，仍舊以知識學習為主。這和2000年後對核心素養作為綜合知識、技能和態度的能力的理解，實在大相異趣。這也顯出，香港教育改革在落實文件內容後，缺乏機動性及持續引進和調整的空間。結果正與前文提及，教改推行十年和二十年後所檢視的處境如出一轍。

教師專業：教學力與創發力 ————————————

面對上述趨勢，香港要再次推行教育改革自是無法避免。然而，正如開首教育同工的意見所示，校長和教師均感到教育改革很難推行。為何會有這種情況呢？要真正達成教育改革，其實關乎兩方面：一、政府向學校釋出的空間有多大，容許他們持續優化、引進及調整？二、教師有多大動力去自主地創新教育？以下將集中第二方面作討論，為未來教改方向分享一點淺見。

筆者認為，教師要自主地創新教育，必須同時具備教學力和創發力。所謂教學力，是指教師的專業知識和執行能力。當中包含消化課程、設計及訂定學習經歷、教學技巧等。這可說是將教育改革付諸落實的能力。毫無疑問，香港教師勤奮，能不斷改進，且具備頗強執行能力，自然在這方面獲不錯評價。

問題在於創發力。這即教師遇到教學困難或學生學習問題時，能嘗試引進不同經驗甚至創新方式去解決，並透過施行和調整，發展出有貢獻教學方法的能力。一些具有全球影響力的教育模式，如蒙特梭利教學法和國際認可考試，一開始也是小型試驗或個別學校經驗，然後逐漸發展至擴及全球。因此，教育工作者累積經驗再進行創新發展是非常重要的。教育改革正亟需這種持續創新的能力及其成果去支持，方能水到渠成。偏偏香港教師卻較缺乏這種創發的動能。

由小至大：教育的試驗與改進 ─────────────

　　然而，這種創發的動能，往往才是改革的關鍵。我們提到教育改革時，常舉出不同文件，但當中內容並不是改革達成時才出現。舉個例子，梵蒂岡第二次大公會議對現代天主教會變革影響甚深，然而它提出的很多觀點並非靠「魔術棒」而憑空誕生，而是早於會議前已醞釀。梵二則扮演著匯集和整合這些觀點，並為其賦予正當性的角色。以此觀之，教育改革亦是依賴教育同工持續創發、累積經驗和成果，方能由小至大，成為日後改革的基礎。

　　這也能讓我們看到現今教改問題的癥結所在：香港由2000年開始推行教改至今所帶來的問題及困境，正源於供教師創發和發展的空間不足，令學界一直糾結於上移下、等待官方發起才去做的心態。結果，當官方不得不改革時，教育同工才省覺到要徹底改變，造成「改革非常非常非常困難」的困局。

　　無疑香港教師的教學力很高。但若一直缺乏供他們創發和發展的空間，令香港教育改革不能由小至大，從專業群體持續的創發經驗和改進整合而成的話，香港教改將無法脫離改革很辛苦、改革施行後又落後於國際的無奈桎梏中。

參考資料 ─────────────

林智中、余玉珍和李玲（2019）。〈二十年來香港課程改革的實施與成果〉。《教育學報》，第47卷第1期，頁1-29。

霍秉坤和葉慧虹（2010）。〈香港課程改革十年回顧：脈絡視角的評析〉。《課程研究》，5卷1期，頁1-37。

維繫正面價值　社會並肩同行

挑戰處處　難關重重

　　疫情持續、社會事件久久未平，在過去一年，香港經歷種種挑戰。全港中學，甚至整個教育界都面對著前所未有的挑戰，要克服此等難關，我們需要社會大眾的支持和配合。

　　在顛簸的一年，學生的精神與情緒都達臨界點。社會紛亂及抗爭事件期間，部分行為躁動的年輕人被捕，學生被捕亦對校園帶來不同程度的衝擊及影響。畢竟成年人在這年頭也過得不易，學生接觸到遊行、抗爭等社會事件，再加上長時間的停課，他們更需要師長的聆聽、陪伴、同行；正面的引導及專業的訓輔工作，疏導學生的情緒和感受，引導學生正確反思社會紛亂及抗爭事件對自身及香港社會的影響，重新建立並鞏固守法及法治意識和價值觀。

　　在這不平凡的一年，有賴教師的默默耕耘，他們堅守教育專業，在這段時間為學生提供各方面預防性的訓輔教育及危機處理

工作。

迎難以上　維繫價值 ─────────────

　　在學生面對困惑、偏執、迷失和無助的時候，眾多教師法、理、情兼備，對學生循循善誘，從未放棄過任何一位學生，致力為學生建立安全、關愛及互信的學習環境，讓學生可以安心的學習與成長，在任何環境都堅持教育學生、提供適切的教導和訓勉。對此，社會大眾應予以肯定和鼓勵，支持教育界繼續本著教好學生的初心堅持下去。近半年來，訓輔同工和學校社工發現越來越多學生正面對不同程度的精神和情緒困擾，情況令人擔憂。學校極需要不同專業人士的配合以提供全方位的精神和情緒支援，例如：臨床心理學家、輔導員及社工，並為受到不同程度困擾的學生及其家庭提供短、中、長期的輔導服務。此外，學校更要開展預防性的工作，亦即是在學校推行切合未來變化的價值教育，現今價值教育不應再流於數十年前的模式，單靠書本或單向式傳授的意識教育，此等方法已不適用於現今年輕人。

　　在剛發表的「學校課程檢討專責小組最後報告2020」建議，未來香港教育應更著重價值教育，從而培養學生關愛生命及正面價值觀和素質，使他們能對應突如其來的危機，同時協助他們提升公民意識和社會責任感。無疑價值教育一直是全人教育中非常重要的一環，但教育並非三言兩語便可成事，而是生命影響生命的工作。香港教育界有賴堅守教育專業的教師引領學生成長，但價值教育並非

單一持份者可以完成，社會各界人士所言所行在價值教育中亦是其中一個的重要元素。

並肩同行　團結社會

　　未來幾個月的香港，疫情未過，對於學生而言，繼續是人生一個大挑戰，關注他們的精神和情緒健康，是教育界急需著手處理的問題，社會各界亦需參與其中。社會之間的合作是必須的，社會不同團體，又或個人都應作好身教的本分，收窄分歧，避免矛盾加劇。年輕人需要社會各界及專業人士的支援及關愛，特別是社會領袖，應該為年輕人營造對未來抱有希望的氛圍。

　　除了教育界在價值教育上需要革新，社會人士亦需要與教育界相互配合，方能真正營造和諧美好的氛圍。正如小組報告亦指出，在這個數位年代，學生能通過不同渠道和媒介學習，亦容易受到外界不同來源資訊的影響，尤其是網路世界的影響。因此，要好好培育我們的年輕一代，有賴整個社會同心協力，關心年輕人的未來和香港的福祉。一直以來，眾多教師都以專業態度引導學生建立正確價值觀。假若學生在社會上觀察及體會到社會人士不斷發放負能量，學生自然會受到影響。例如學校教導學生應持和平友愛的心態與人相處，尊重差異，學習和而不同的時候，部分社會人士和團體卻展現煽動仇恨、事事批評的狀況，甚或以指責取代聆聽；仇恨取代關愛年輕人，以致學生對學校所教存疑，甚至將此風氣帶至校園中，將令教育界施行的價值教育工作事倍功半。

經歷了前所未有的紛擾和動盪，是時候同心，一起為年輕人帶來希望。大家不再以事事批評或謾罵心態回應社會紛爭。社會各界應與教育界連成一線，讓年輕人在安全、關愛與互信的環境成長，培養正確價值觀，亦讓年輕人重新信任社會，共同建立美好的香港。

未來，我們學習什麼？如何學習？

▎通才專家

麥嘉晉

剛過去的半個世紀，科技急速發展，一方面顯著改善我們的生活品質，另一方面人類面對的挑戰也越趨複雜和棘手：氣候轉變、急速城市化、全球人口老化、天然資源短缺等，這些都不是單憑一種技術、一個行業、甚至一個國家能夠解決的問題。

解決新世代的問題，需要兼具創新思維和執行能力的人才。香港近幾十年一直沿用的教育制度，重視通才（generalist）和專才（specialist）兩種技能的培訓和發展，通才的重點在於「博」，是指知識面較廣博的人才；專才的重點則在於「精」，是指深耕精通某一領域的專門人才。過去一段時間，我們著重如何讓通才和專才互相理解和合作，讓「博」的視野引領「精」的發展和應用，也讓「精」的技術支撐「博」的戰略落地。然而，新世代挑戰的多樣性和複雜性，對創新和科技突破、發展、落地的需求極高，使當今世界對人才的要求有了一個新高度——「通才專家」（general specialist）。

　　顧名思義，「通才專家」結合兩者的優勢，首先對多項領域均有一定涉獵程度，並同時為幾項核心領域的專家。未來學家Daniel H. Pink在《全新思維》（*A Whole New Mind*）一書中提到，新世代人才最重要的價值和優勢，來自於他們能發現完全無關的兩個系統之間的連結，形成某種全新的觀點。這種像指揮家將各種不同聲音的樂器組合成一首樂曲的「交響力」，就很形象化地解釋「通才專家」的能力發展要求：要成為一個出色的指揮家，你必須對所有樂器均有頗深入的認識，並精通當中幾樣樂器，才能融會貫通，在擁有眾多好手的樂團中表現出說服力，引領所有樂手演奏精彩曲目。

　　全球電動車巨擘Tesla的行政總裁Elon Musk，是近年大家熟悉的「通才專家」代表人物。這位兼具發明家能力的頂尖創新企業家，創立了家傳戶曉的線上支付平台PayPal，現時除管理Tesla外，同時帶領航天科技公司SpaceX，目標把私人旅客送上太空進行環月旅行。他那極具開創性的發明和企業成就，源於他的興趣非常廣泛，並對機械工程、航天科技、太陽能、人工智能等領域均達到接近專家級數的知識及能力。因著對多項看似獨立的專業領域有深刻的認識，Elon Musk才能發現不同系統之間的連結，從而找到為全球帶來改變的創新鑰匙。

　　我自己從事智慧農業科技方面的創新，從與團隊創立公司一刻起，三年來一直非常努力，希望為本地及全球高度城市化的地區解決蔬菜供應及品質問題，因而親身感受到「通才專家」對創新的

關鍵性。我本身不是技術人員,更不是專才,雖然在商業管理諮詢公司累積了不少經驗,涉足的行業亦算廣泛,但若要在城市農業科技上取得突破,除基本的農業生產及市場知識,還需要對物聯網(internet of things)、機電工程、大數據、智慧物流、可持續性能源等領域有深入研究並有效連結起來,才能有機會帶來具影響力的農業創新科技——例如智能移動水耕種植機(mobile farm)及遠程全環控室內水耕及氣耕系統,令都市人能在不同城市場景中進行安全而高品質的耕作。我剛開始投身智慧農業科技時對上述數個相關領域的涉足並不夠深,幸而我們團隊仍能有效發揮通才和專才互補互通的優勢,幾年下來在科技突破上算是有點成績,但若有「通才專家」,相信我們能更快研發出更具想像力、更激動人心的城市農業科技。

著名設計師莫克說:「未來10年,人們需要具備跨領域的思考能力和工作能力,探索與自己專業完全不同的新領域。他們不但要處理不同領域的工作,同時還要找到它們之間的連結並發現其中的機遇。」社會對引領我們解決全球性挑戰和創造更美好未來生活的人才的需求是顯然易見,亦漸逼在眉睫。通才教育和專才教育之辯早已過時,教育制度是時候摒棄一直以來的思維,不僅從教學工具和資源上,更需要在政策和制度實現突破和創新。

香港要在全球創科的潮流中保持競爭力,我們不是先看本地能孕育出多少「獨角獸」公司,而是思考如何在社會和教育環境中,培養更多「通才專家」。

面對人工智慧的挑戰：
未來人才必備的四種思維力

曾家洛

前言

「我思故我在」（Cogito, ergo sum; I think, therefore I am）。相信不少人都聽過這句來自哲學家笛卡兒（René Descartes）的名言。這句話不單反映了思考對人類的重要性，更表達了懂得思考，正是人之為人的本質，也是人與其他事物與別不同之處。面對21世紀變化，人工智慧可說是下一代面對最大的科技突破，同時也是最大的挑戰。

人工智慧不單令整個就業市場轉變，更可能取代很多現時我們所認知的工作。在此情況下，到底下一代要有什麼能力才能立足呢？教育要培養下一代怎樣的能力，才能讓他們不被人工智慧取代呢？我們可以回到「我思故我在」這句名言當中，思索這一關乎人類本質的特性，是否能成為一種解答。

人工智慧為下一代帶來什麼挑戰？ ——————————

　　毫無疑問，近年人工智慧的發展，以及其在不同行業漸獲應用，已為人們的工作形態乃至就業帶來巨大的挑戰。

　　早於2013年，牛津大學馬丁學院（Oxford Martin School）的研究團隊已發表報告，分析了七百多種職業被自動化的程度。他們整理出不同職業被取代的風險，並據此估計，美國將會有逾47%職業有被自動化取代的風險。研究團隊在文中亦指出「根據我們的模型估算，大部分從事交通運輸、物流、辦公室和行政支援，以及製造業的員工有被取代的危險。」（Frey & Osborne, 2013: 44）當中如果工作缺乏思考和管理性任務（perception and manipulation tasks）、創造性任務（creative intelligence tasks）和社交性任務（social intelligence tasks）的話，被取代而消失的風險最大。

　　此外，麥肯錫全球研究院（McKinsey Global Institute）於2017年發表的報告〈未來工作：自動化、就業與生產力〉（A Future that Works: Automation, Employment and Productivity）中便指出，雖然現時只有少於5%職業會完成被自動化所取代，60%的職業中最少也會有30%工作內容會變成由機械或科技負責。縱然並不是所有職業都會被自動化取代，但會有愈來愈多職業會被自動化所改變。報告中正提到，「隨著人類活動被自動化所轉變，人們從事工作時將會愈來愈趨向與機械互補」（McKinsey Global Institute, 2017: 2）。這要求人們具備一系列能適應自動化的能力（automation capability），

包括邏輯思考、解難、創造力、表達和展示能力（articulating and displaying）等。

以下筆者舉出兩個行業例子，說明現正發生的職業變化：

第一，零售行業。全球電子商務龍頭亞馬遜（Amazon）正利用名為Amazon Robotics的橘色碟盤狀機械車取代原由人類負責的貨品管理和出貨安排。而亞馬遜亦正發展名為Amazon Go的無人超市。另外，阿里巴巴和騰訊亦曾推動無人店試驗性質計畫，雖然成果未及預期，但是可以預見人工智慧將在未來十至二十年為零售業帶來翻天覆地的變化。

第二，服務業。例如美國的機械企業星艦科技（Starship Technologies）開發了自動化的派送機械人（delivery robot），並於2019年8月開始，為舊金山的各學校、住宅區、商廈等提供物品派送服務。美國電訊公司ClickSoftware亦在其現場服務管理工作中引入人工智慧，並因此將平均進行每項任務的時間減少了20%。隨著演算法和大數據的普及，可預期人工智慧在服務業中會占有愈來愈重要的位置。

由上述發展趨勢可見，人工智慧最大的優勢，正是對一些主要依賴原則、系統和制式化、數據密集的工作有更快、更有效率的執行力。因此，下一代面對這種挑戰，必須具有跳出和超越這些能力的思維及技能，令人工智慧不能代替。

更重要的是，雖然人工智慧能夠進行自動學習，但它現階段始終欠缺人類思考的複雜性、變化和創意。人類能夠突破自己思考的

框框，分析、綜合和比對不同的狀況，並能因應環境的不同轉變，思考工作對自己的意義，以及如何調整自己去應對。這更顯出教育對下一代的重要性：到底教育應該幫助下一代學習怎樣的思維能力，才能應對人工智慧的挑戰？

教育中加入四種思維力：讓下一代具有應對能力 ─────

針對人工智慧的挑戰，現今的政策制定者、教育工作者及家長們應該有未雨綢繆的想法，培養下一代具備適切未來的思維能力。否則這不止是能否能贏在起跑線上的問題，更可能會走錯跑道，承受輸掉人生的風險。筆者認為眾多思維能力中，有四種是對於學生應對未來特別有價值和意義的，茲闡述如下：

1. 設計思維

設計思維（design thinking）是以問題所針對的對象為本，從而思考和制訂解決方案的思維能力。根據史丹福大學設計學院提出的設計思維模型，設計思維可分為同理心（Empathize）、定義（Define）、形成想法（Idealize）、製作原型（Prototype）和測試（Test）等五個階段。

由於設計思維重視人們能因應所針對對象的需要和問題所在，而不斷修正和試驗，故能幫助學生在反覆設計和製作方案的過程中，突破自己的思考框框，改善自己固有的想法，探索最好的解決方案。

2. 批判性思考

批判性思考即是先撇除個人對某一事物或觀點的偏見或情感，而對此事物或觀點進行思考、分析和評價的思維方式。這種思維能力包括幾項條件：把握重點、正確推理、事證舉例、條理實達、態度嚴謹、掌握變項，以及價值判斷。

學生一方面可以通過培養這種思維能力，訓練自己在思考過程中具有紮實和有系統的邏輯結構，並能辨析和識別不恰當乃至錯誤的思考方式及想法。

當然，若這種能力運用不當，往往會令人們墮入陷阱，利用批判性思考來批評他人。但如果這種思維能力運用得宜，不單能幫助學生辨析和避免錯誤的想法，而且還能培養學生進行深度學習，對身處的環境或問題進行多角度和全面的思考及評估，從而能對各種挑戰作出恰當的應對。

3. 建設性思維

根據建設性思維的主要倡導者S. Epstein & P. Meier（1989），建設性思維被定義為重新評價和解釋周遭事物的思維方式，從而減低面對這些事物的負面情緒和壓力。這即以正面的態度看待和理解面前的困難和問題，並積極尋求有效方法予以解決。這種思維能力重視人們面對問題和困難時，不將其看作完全負面的東西，反倒以不同的角度去思考和解釋這些問題和困難，從而讓自己的情緒不受它

們所困擾，並能積極地尋找能解決它們的方法。

這種思維能力能幫助學生面對眼前和周遭的困難時，不被負面情緒和氣氛所限制及困擾，而能以與別不同的方式看待和理解這些問題和困難。學生具備這種思維能力，便可突破現況對自己的限制，跳出負面思維，以正面積極的心態去應對挑戰和探尋解決之道。

4. 邏輯說服力

邏輯即是思維的規則和規律，並據此作出符合這些規則的推論，這包括歸納、演繹、溯因等；說服力則是讓對象對於我們所提出觀點或想法表示認同或共鳴的能力。將此兩者相結合，邏輯說服力就是我們利用符合四思維規則的推論，令對象認同我們觀點的能力。

這種思維能力幫助學生在面對問題或困難時，藉著邏輯思考，突破複雜枝節的纏繞，直接切中問題的核心。同時他們能以清晰的言辭表達，說服別人，從而解決所面對的問題和困難。

試想：假如下一代擁有以上四種思維能力，能夠因應不同問題和環境變化，作出全面、深入和系統的思考，找出解決方法，又何需懼怕人工智慧的挑戰呢？

上述四種思維能力，正呼應本文開首提到的「我思故我在」：思考是人的本質所在，也是人類能應對人工智慧挑戰的關鍵條件。因此教育的重點應是讓學生將思考發展為不同的思維能力，從而將思考的力量展現出來。

在此也鼓勵各位教育同工及父母們，為了下一代，應該一同努力，改變現今課程培訓的重點：不單是讓學生掌握知識和懂得記憶固定答案，更要培養和發揮他們不同的思維能力。

教育同工和父母們亦應改變自己的想法：第一，不應再以為思考和思維等只是哲理或學術研究的訓練，因此學生不需要接觸。其實對思維能力的重視已在生活、商業、科技和生產等方面得到普及。而具備思維能力，才能成為未來的高階人才。第二，不應只著重學生答案的對錯，而更應重視他們得到這個答案的思考過程。

唯有同工和父母們改變想法，重視培養學生思維能力，我們的教育才能向前邁進。而下一代也才能應對這個人工智慧正帶來巨大挑戰的世界。

參考資料

Epstein, S. & Meier P. (1989). Constructive thinking: a broad coping variable with specific components. *Journal of Personality & Social Psychology* 57(2), 332-350.

Frey, Carl Benedict & Osborne, Michael A. (2013). *The Future of Employment: How Susceptible are Jobs to Computerisation?* Oxford: Oxford Martin School, University of Oxford. oxfordmartin. ox.ac.uk/downloads/academic/The_Future_of_Employment.pdf

McKinsey Global Institute (2017). *A Future that Works: Automation, Employment and Productivity.* https://www.mckinsey.com/~/media/McKinsey/Featured%20Insights/Digital%20Disruption/ Harnessing%20automation%20for%20a%20future%20that%20works/MGI-A-future-that-works_Full-report.pdf

從隱到顯：
評估青年國際勝任力
具有何種價值和未來意義呢？

曾家洛

前言

　　近年香港乃至國際教育界對國際勝任力的討論和推展正值方興未艾之時，適逢本文執筆的上星期（2020年10月22日）香港中文大學公布了2018年學生能力國際評估計畫（PISA）的結果，當中特別提及全新加入的學生國際勝任力評估的分析。教育局亦特別就香港學生在此一評估的表現做出回應，足顯國際勝任力在現今教育中的重要性正日益增加。

　　事實上，全球化深遠影響著人類，而教育界引入此課題和相關價值觀亦已有一段時間，但卻較少觸及培養學生具備應付全球化的能力。PISA從2018年起設有學生國際勝任力評估，正是一種突破，也令對應對全球處境能力的培養由「隱學」走向「顯學」。適此正

好是一個時機，反思香港作為國際亞洲都會、國際金融中心，其教育如何能培養下一代的國際勝任力，延續和擴展其國際化面貌。

教育變革中的國際勝任力影子 ─────────────

雖然國際勝任力是近年才開始提出的概念，但基於近二三十年來全球化的發展，帶來地球村的狀況，對於類近範疇的培養，例如全球視野、國際觀、國際移動力等，已開始在國際教育界中開展。其實於1996年，聯合國已就21世紀的教育提出了四條學習支柱，當中便包括提倡需要發展理解他者（包括他們的歷史、傳統和精神）的支柱「學習一同生活」（Learning to Live Together），提出在教育中培養學生對文化多樣性的認知和意識，以及予以應對的技能和價值觀。一些國際著名教育組織亦有類似倡議，例如美國的21世紀技能夥伴（P21）將全球意識（global awareness）納入為21世紀技能的一大要素；亞洲協會（Asia Society）更直接提出國際勝任力作為21世紀技能的核心，涵蓋探索世界（investigate the world）、承認不同觀點（recognize perspectives）、溝通想法（communicate ideas）和做出行動（take action）等元素。

因應全球化的處境，全球各地在近二十年均走向教育變革的過程。而在各地的教育變革中，都不約而同地將類近於國際勝任力的元素或相關範疇納入其中。例如國家教育部在2016年發布〈中國學生發展核心素養〉時，便將「國際理解」納入為其中一個核心素養；在台灣，當地教育部也於2016年推行為期五年的「提升青

年學生全球移動力計畫」，訂定有關增強學生全球移動力的教育政策、措施和具體策略，希望拓展青年學生國際視野，並培育其「溝通力」、「適應力」、「專業力」和「實踐力」等四種基礎能力。而在其他國家，更不乏推動學生乃至青年到海外學習交流的規劃，例如美國國際教育協會（Institute of International Education，IIE）於2015年已開始推行名為「留學世代」（Generation Study Abroad）的計畫，鼓勵國內青少年到海外留學；歐盟也於2014年開始推出了「伊拉斯謨+」計畫（Erasmus+ Programme），到2020年為止資助200萬名學生到國外學習；並為80萬名教育工作者和青年工作者獲得到海外研習教學方法的機會。

由此可見，國際勝任力已成為現今教育變革中不可或缺的元素。而PISA在2018年將此納入評估項目中，正是對這一趨勢的呼應和認可。

國際勝任力評估考什麼？今次結果有何亮點？—————

到底PISA的國際勝任力評估考核什麼內容呢？根據經濟合作暨發展組織於2017年12月與哈佛大學零點項目（Project Zero）共同發布，作為2018年PISA有關評估基礎的〈PISA全球素養框架〉（PISA Global Competence Framework），國際勝任力的評估包括以下內容：

1. 認知測試（cognitive test）：集中評估學生的「全球理解」（global understanding）程度。這包括解決全球和跨文化議題所需的背景知識和思維技能；學生需就著一系列情境

（scenario）回應各個測試題目（test items）中的任務；

2. 問卷調查（questionnaire）：收集學生自己填報有關對全球議題和文化的覺察、技能和態度的資料；以及學校和老師推動全球素養／全球勝任力的活動的資料。

有關測試將圍繞框架中四個不同層面：

● 分析當地、全球和跨文化的問題。

● 理解和欣賞他人的觀點和世界觀。

● 與不同文化背景的人進行開放、得體和有效的互動。

● 為集體福祉和可持續發展採取行動。

根據香港中文大學所發表是次PISA國際勝任力的評估結果，香港學生的表現不俗，於27個參與評估的國家及地區中排名第三，僅次於新加坡和加拿大。香港學生在此評估中的平均分為542分，比所有參與國家及地區的平均分數474分為高。從這一評估結果，我們綜合有關報告，可看到以下四點值得注意之處：

1. 香港學生的多語言能力有助其發展「國際勝任力」

根據問卷調查，香港學生以及新加坡、澳門、愛沙尼亞的學生，在家和學校能說兩種或以上語言的比例較加拿大和英國的學生為高。當中香港學生會說兩種或以上語言的比例更高達92.6%。這種多語言優勢有助學生發展其國際勝任力。

2. 新移民學生對香港的「國際勝任力」表現有所貢獻

　　根據評估結果，香港新移民學生在「國際勝任力」方面的表現不俗，在換位思考（perspective taking）和認知適應性（cognitive adaptability）方面更比本地學生優勝。這反映新移民學生令香港在國際化和多元化方面有更好的表現。

3. 香港學生在有關「國際勝任力」的態度和價值觀方面有待改進

　　比起在知識和能力方面的良好表現，香港學生在有關「國際勝任力」的態度和價值觀方面卻表現一般。相比其他高學業成績國家和地區的學生，香港學生在全球思維、對新移民的態度、對跨文化交流的意識、全球問題的自我效能，以及維持非歧視性的學校氛圍等範疇的表現均只是一般。在對待新移民的態度方面，在所有參與評估的國家和地區中，更只有香港以及義大利和土耳其未有顯示對新移民持正面態度，反映此方面實有待改進。

4. 香港學生對文化多樣性的視野和能力最需要加強

　　根據評估結果，香港學生在有關文化多樣性方面的表現最需要加強，包括對學習其他文化的興趣、尊重來自其他文化的人士、理解他人的觀點及認知靈活性／適應性等。而針對香港校長和老師的問卷調查亦顯示，創造多元文化、平等學習的學校文化仍是學校需要極大努力改善的地方。

全球化退潮嗎？國際勝任力對未來菁英學生的意義 ————

　　或者有人會提出：在現時一片全球化退潮或者去全球化的聲音中，究竟國際勝任力意義何在？的確，在後新冠疫情的世界，全球供應鏈的斷裂，以及預見將會出現的重組，會讓鄰近地區生產有機會崛起。但大體而言，雖然疫情令「人」和「物」的流動阻隔，但同時亦令數位系統對生活和工作環節的介入出現前所未有的深度和普及情況。例如通過zoom來進行教學；以虛擬辦公室來維繫工作團隊甚至進行跨國協商，持續進行商業活動等。這些變化導致全球化以新的形式維持，甚至在虛擬網路中擴張，改變著人類的實體生活方式。因此，筆者認為所謂全球化退潮還未結束時，已出現了新的浪潮。以下兩點趨勢及所帶來的變化值得留意：

1. 鄰近區域生產將導致國際版圖的合作關係出現轉變。而香港未來如何在此區域合作下，形成自己的區域聯盟，面對有關挑戰及競爭呢？

2. 虛擬網路擴張帶來的「不出戶」便能與世界接觸的新趨勢，會帶來怎樣的生活變化？下一代又該如何掌握有關的技術和能力，以應對這一趨勢？

　　上述趨勢正顯示，下一代仍然逃不過要面對全球化。而國際勝任力將是其中一項重要指標，顯示他們的能力是否能夠讓自己在此種環境中脫穎而出。

　　筆者認為，對於立心從事勞動性工作的青年來說，或許國際勝

任力的意義仍是不大的。然而，對一群較尖端和菁英的青年來說，其意義則完全不同。我們不妨設想以下情境：

- 若一間公司刊登廣告聘請人前往非洲、中亞、中東等地區分公司擔任主管工作，你有勇氣嘗試和適應當地文化生活嗎？
- 當你的辦公室內或工作合作群組中，包含了多個不同種族或國籍的人，你能夠與他們和諧相處和協調工作嗎？
- 你能夠將地域文化轉化為一種品味來打入世界主場嗎？你能在不同文化中提煉出有用的元素，優化自己的體系嗎？

上述情境在未來可能會成為非常普遍的現象，而且影響著較尖端或菁英學生的前途。當是次國際勝任力評估指出香港學生在全球思維、對跨文化交流的意識、以及維持非歧視性的氛圍等範疇的表現均只是一般，有待改進時，我們除了在價值觀上檢視下一代的想法外，是否也應關注他們在面對類似上面三種情境時，能否好好應對，而不會引致問題出現呢？

更重要的是，不論是現時香港討論的話題，或是未來經濟的方向，都離不開大灣區；而全球經濟也正轉向區域版塊聯繫。建立區域合作關係與連貫體系，將與下一代乃未來香港的競爭力息息相關。是次評估顯示香港學生對新移民的態度和換位思考等有待改善，正好提醒：若下一代仍對新移民乃至大灣區抱持抗拒的態度，或會令他們在全球經濟和社會狀況急速轉變的當下落後於人。如何培養香港學生的國際勝任力，具備包容和開放的心態，面對區域連結和合作的大趨勢，不單關乎他們和下一代的前路，更攸關香港作

為國際都會的未來。

參考資料

Center for Global Education, Asia Society (2020). What is Global Competence?

Delors, Jacques (1996). *Learning: The Treasure within: Report to Unesco of the International Commission on Education for the Twenty-First Century.* Paris: UNESCO. https://asiasociety.org/education/what-global-competence

OECD (2018). *Preparing Our Youth for An Inclusive and Sustainable World: The OECD*

OECD (2020). *PISA 2018 Results Volume VI: Are Students Ready to Thrive in an Interconnected World?* https://www.oecd-ilibrary.org/deliver/d5f68679-en.pdf?itemId=%2Fcontent%2Fpublication%2Fd5f68679-en&mimeType=pdf

P21 (2019). Framework for 21ˢᵗ Century Learning. http://static.battelleforkids.org/documents/p21/P21_Framework_Brief.pdf

PISA Global Competence Framework. Retrieved from http://www.oecd.org/pisa/Handbook-PISA-2018-Global-Competence.pdf

人民教育（2016）。《中國學生發展核心素養》總體框架正式發佈。https://aic-fe.bnu.edu.cn/xwdt/skxx/17740.html

政府新聞處（2020.10.22）。國際研究顯示香港學生國際勝任力位居世界前列。https://www.info.gov.hk/gia/general/202010/22/P2020102200516.htm

香港中文大學傳訊及公共關係處（2020.10.22）。中大公布學生能力國際評估計畫（PISA 2018）國際勝任力評估研究結果。https://www.cpr.cuhk.edu.hk/tc/press_detail.php?id=3391&t=%E4%B8%AD%E5%A4%A7%E5%85%AC%E5%B8%83%E5%AD%B8%E7%94%9F%E8%83%BD%E5%8A%9B%E5%9C%8B%E9%9A%9B%E8%A9%95%E4%BC%B0%E8%A8%88%E5%8A%83-pisa-2018-%E5%9C%8B%E9%9A%9B%E5%8B%9D%E4%BB%BB%E5%8A%9B%E8%A9%95%E4%BC%B0%E7%A0%94%E7%A9%B6%E7%B5%90%E6%9E%9C

張珍瑋（2017）。〈增進高等教育階段學生全球移動力的積極作法：以歐盟伊拉斯莫斯跨國交流計畫為例〉。《國家教育研究院電子報》，第164期。https://epaper.naer.edu.tw/print.php?edm_no=164&content_no=2910

教育部（2016）。《提升青年學生全球移動力計畫》。file:///D:/baiduyundownload/%E6%8F%90%E5%8D%87%E9%9D%92%E5%B9%B4%E5%AD%B8%E7%94%9F%E5%85%A8%E7%90%83%E7%A7%BB%E5%8B%95%E5%8A%9B%E8%A8%88%E7%95%AB.pdf

教育部電子報（2015.6.18）。美國新世代留學計畫 鼓勵學生出國。https://epaper.edu.tw/windows.aspx?windows_sn=16839

黃文定、詹盛如和陳怡如（2013）。〈英國「國際學校獎」運作機制與功能之探究〉。《教育資料與研究》，第110期，頁189-214。

如何通過文化智商促進學生國際勝任力？

曾家洛

前言

筆者早前提及到，國際勝任力對現今乃至未來世代的學子來說具有重要意義，並不因現在全球人員流動和接觸於疫情下停頓而有所減弱。而近數月的發展更印證了，隨著疫情彷彿長期化而過渡至「新常態」，全球化並未因新冠疫情而有止息，反而通過網路而進入另一種更緊密的相互聯繫，如視訊會議、網課、遠距工作等。在這種環境下，我們變得與來自不同文化背景的人有更便利和頻繁的互動和接觸。如何在這樣的「新常態」下，與來自不同文化和背景的人士相處，顯得比以往更加重要。

跨文化能力正是國際勝任力的其中一項要素。但到底應該如何提升學生的跨文化能力呢？如果從文化智商（Cultural Intelligence）此一密切相關的概念看，相信更能深入理解國際勝任力中跨文化能

力的重要性，以及如何在課程和教學中提升學生的跨文化能力。本文將會由文化智商的概念出發，與各位分享見解。

文化智商與跨文化能力 ─────────────

　　不論是要理解文化智商還是跨文化能力，我們都先要理解：何謂文化？所謂文化，包含了價值觀、規範和知識，是每個人出生後通過家庭、教育、社會薰陶和個人生活經歷所累積而形成，並內化成每個人的行為和判斷準則。不同個人乃至群體的文化固然有共通之處，亦同時受其所在的地域、風土、經驗、累積的生活經歷等影響，而彼此有所區別，形成各自獨特的文化特點。

　　按著上述對文化的理解，文化智商便是個人理解不同文化異同，應付多元文化處境並達到有效運作的一種能力。提倡文化智商的著名國際教育學者Livermore（2015）便指出，文化智商簡單來速可包括意識文化經驗、掌握文化知識、個人適應與調整、有效行動四個元素。

　　文化智商包含的這四個元素正與國際勝任力中跨文化能力強調的諸多元素，如「獲取有關不同文化的歷史、價值、溝通方式、信仰和實踐的知識」、「與來自不同文化的人互動」、「能理解文化規範、互動的形式，從而靈活地低調適自己的行為和溝通方法」、「與他人互相尊重地對話，以及為容納邊緣群體而努力」等相呼應。而兩者均重視人們要培養與不同文化背景的人相處應具備的知識、技能和態度，這對現今乃至下一個世代，面對全球不同國家、

民族、文化往來時，有著顯著作用。

文化智商對未來國際人才的重要性 —————————

　　來到教育處境中，到底培養學生的文化智商，對於下一代成為未來人才有何重要性？筆者於早前的文章中已提到，近年的國際教育趨勢和國際勝任力評估的發展，已令國際勝任力漸被視為下一代成為未來人才的必要條件，在此不贅。而踏入21世紀以降，隨著全球化不斷發展，我們必須和來自不同國家與文化的人打交道。現今「新常態」下的網路發展更反而加強了此一趨勢。文化差異因素成為人際互動中的關鍵條件。

　　而在21世紀技能和多項的人才能力的指標中，就指出在未來，學生有必要具備與不同背景的人「溝通」、「協作」的能力，從而能「迎向全球」，方此才能成為新一代的人才。如何與世界不同國家、文化和種族人士相處、交流和一起工作，將成為國際人才的挑戰。

　　面對這一發展，世界各地紛紛提出4C能力，取代傳統教育要求。4C即「批判性思考與問題解決（critical thinking and problem solving）、有效溝通（effective communication）、團隊共創（collaboration and building）、創造與創新（creativity and innovation）」。文化智商就是在此背景下提倡的。

　　文化智商起初應用於跨國公司、國際商務往來的內部培訓當中。隨著全球化的發展，以及與不同文化背景的人的互動愈趨頻

繁,現時亦已擴展至教育界及政府行政的領域上。因此,培養學生的文化智商,能幫助他們達至以下表現,在跨文化互動日益普遍的未來,創造自身優勢:

- 能尊重不同文化的人;
- 對文化差異具敏感度和洞察力;
- 知道同一件事情,在不同文化角度中會有不同詮釋,表現亦有差異;
- 能更有效地在文化差異下應付工作;
- 喜歡和能夠與不同文化人士交流和合作;
- 能適應不同的文化情境和按情況調整和改變自己的行為。

從文化智商檢視課程和學習是否有助促進國際勝任力 ———

回到具體的學習情境當中,要培養學生的文化智商,從而促進其國際勝任力,說出來容易,但做則十分困難。當然這一定程度上是由於無論文化智商還是國際勝任力的內容都很廣闊,不易找到重點。然而,若需要讓學生學習的話,該如何檢視課程、課堂構思和學習過程能有助促進有關方面的發展呢?筆者便準備了以下的一些檢視問題,供大家思考:

- 主題是否具有地方、國家和全球意義呢?
- 主題是否達到反省地方至全球間的關係和相互影響?
- 學習成果是否與國際勝任力或全球化運作相關?
- 學習活動或體驗是否能聯繫自身、地方與全球領域間的關係?

- 學習內容是否有助學生去認識世界文化或知識？
- 學生是否能夠明白全球人類在地球共同問題下有著相互關聯的命運？
- 課程構思是否容許合理地比較全球若干地方間的差異？
- 課堂是否有效地培養學生逆地思考全球若干地方間的差異，所造成的原因、影響及促進學生明白對方（或其他地方人士）的想法？
- 課堂是否培養學生能夠尊重及接納不同的文化與民族生活方式？
- 學生是否能夠透過接觸有關國際勝任力的主題，反思自身身分、角色及行為？

不難看出，以上的檢視問題中，有不少都和文化智商有關，主要檢視課程設計中能否培養有關跨文化能力的知識、技能和價值觀，以及學生學習過程中跨文化能力的發展。故此，從文化智商的角度，能幫助我們檢視到底課程和學習，是否真的有助促進學生的國際勝任力。

以跨文化經驗增進文化智商和國際勝任力發展

要培養學生的文化智商，除了課堂學習外，親身經歷的跨文化經驗亦是重要的學習方式。從事全球教育的學者Taylor（1996）、Merryfield（1998；2002）、Bacon & Kischner（2002）等，均認同跨文化經驗和真實的學習，是擴闊學生視野，增進學生跨文化能力，

提升國際勝任力的重要方式。而本地不少學校校長和教育同工亦相信，海外遊學及服務是有效提升文化智商的跨文化經驗。

在教育學的觀點看，所謂跨文化經驗，是指學習者透過參與他人的文化相關活動，體驗彼此的異同，再轉化為知識、增強技能和產生價值的體會。故此，如果海外遊學及服務要成為有效及系統地提供相關經驗的教學方法，而非單純的旅行和遊歷的話，當中便需要注意以下三個彼此互動的元素：

深度	為學生帶來知性的深度理解和對當地進行深入探究。
接觸	為學生提供接觸真實文化經驗的機會並與當地人相互交流。
省思	帶領學生從多元觀點檢視跨文化經驗，省思自己與當地文化間的異同，提升文化智商。

在疫情及其後「新常態」下全球化網路的發展，以及與不同文化背景的人愈趨頻密的互動下，培養學生文化智商，提升跨文化能力，促進他們的國際勝任力，已成為他們要作為未來社會人才不可或缺的條件。這不單能讓他們更容易適應在不同文化情境中，與不同的人互動、學習、工作和生活，更能跳出自己，適應和面對不斷變化的人、事、物，得以把握未來的各種發展機會。

參考資料

Bacon, N.A. & Kischner, G. A. (2002). Shaping Global Classrooms. *Education Leadership*, 60(2): 48-51.

Livermore, David (2015). *Leading with Cultural Intelligence: The Real Secret to Success* (2nd Ed.). New York: AMACOM.

Merryfield, M. M. (1998). Pedagogy for global perspectives in education. *Theory and Research in Social Education* 26 (2): 342-379.

Merryfield, M. M. (2002). The difference a global education can make. *Educational Leadership*, 60 (2): 18-21.

Taylor, H. E. (1996). *Practical suggestions for teaching global education*. ERIC Document.

培養學生掌握多種語言
方締造未來優勢

曾家洛

前言

作為國際金融中心，「兩文三語」一直是香港教育和日常生活的重要部分。但語言學習從來不只是學業要求或個人興趣，而關涉更廣闊的層面。筆者成長過程中接觸不同語言的經歷堪可作為例證：筆者兒時，坊間認為掌握英語最重要。當時普通話並未有重要位置，自己只是在五、六年級曾經接觸過。出來工作後，也曾略為接觸過日文。

到了長大後，普通話隨著中國國力上升，變得愈來愈重要。加上香港回歸，普通話也成為今日中小學必須掌握的能力，甚至有學校提倡普教中。另外，韓文隨著韓風興起，也變得愈來愈多人學習。這在在反映，學習一種語言，或者吸引別人學習一種語言的，往往是關乎一個國家或民族的軟實力。特別是在這個變化迅速的時

代，學習多種語言，更有其重要性和意義。以下筆者將從國際、國家及香港等層次，分享對學習多種語言的一點淺見。

學習多種語言　應對國際和國家機遇與挑戰 ——————

筆者於早前的文章中已介紹過國際勝任力和文化智商等新興概念。而這些概念當中，往往有一個重要的衡量元素，就是掌握多種語言的能力。

近年不少提倡教育改革的國際組織都指出，掌握第三語言甚至更多外語，是構成全球視野乃至未來人才條件的重要元素。例如美國的21世紀技能夥伴（Partnership for 21st Century Skill, P21）在其21世紀學習框架（P21 Framework）中，便將學習世界語言（World Language）作為21世紀技能學習的其中一個重要部分。亞洲協會的全球教育中心（Center for Global Education, Asia Society）也將使用多種語言（use variety of languages）作為其全球素養框架的其中一個要素，同時亦提倡學生應該令自己成為能掌握多語言的人才，這有助他們獲得競爭上（competitive）和認知上（cognitive）的優勢。

而經濟合作暨發展組織所推動的國際學生能力評估計畫（PISA），除了在有關國際勝任力的框架中，將能說多於一門語言作為跨文化溝通（intercultural communication）的要素外，並因應外語學習日益增加的重要性，計劃於2025年在PISA中新增外語能力評估（Foreign Language Assessment），評估學生在學習外語方面的閱讀、說話和聆聽能力。

上述國際趨勢，正印證了語言學習與國際局勢及掌握相關素養的密切關係。這從1990年代初美蘇兩極狀況結束，美國單極獨強狀況出現，英語重要性愈趨增強，尤為清晰可見。而往後隨著中美角力，以至全球多極平衡模式會否成為主宰未來格局，將令全球文化多元變得更重要。而作為文化多元重要元素的多種語言學習，在此處境下，正成為下一代理解多元文化，掌握國際大勢的鑰匙。

在以上趨勢下，加上香港一向是外向型經濟體，與全球不同國家和地區一直有緊密的聯繫和交流，下一代能否掌握多種語言，將影響香港與不同國家和地區做生意和進行經貿往來的競爭力。

而在國家層面，近年積極提倡和推動的一帶一路，固然是國家的整體發展策略；但另一方面，香港能否積極參與其中，也關乎香港能否與更廣闊的世界接軌。筆者以往不論在演講還是所撰文章中，均曾提出，對香港學生來說，參與一帶一路，是幫助我們乃至香港衝破「全球＝歐美日等先進國家」的狹窄想法，打開更多元的世界，如中東、中亞、非洲、東歐等。

而掌握不同語言，正關乎我們能否與這些地區的民眾互動溝通，將更有助我們把握國家發展的這一機遇，與一帶一路沿線的不同地區交往，甚至日後建立和發展經貿往來。

多語言能力成為踏上國際名校的階梯

來到較關乎我們切身利益的處境中，正是由於掌握多種語言的能力攸關未來人才能否應對當前和未來國際大勢，能夠掌握多種語

言，已日漸成為升讀國際名校的重要條件。

以香港人熱衷報讀的英美大學為例，雖然大部分院校都只是要求報讀學生通過指定的英語能力測試，而大部分英國大學亦沒有明文規定報讀學生需要已在高中階段修讀第三語言科目。但在由24間英國頂尖大學所組成的羅素大學聯盟（Russel Group）中，倫敦大學學院（University of London College）已要求入讀學生必須在普通中學教育文憑（General Certificate of Secondary Education，GCSE）修讀最少一門外語，並獲最少C級成績。

而在以文化多元著稱的美國，修讀外語乃至第三語言，更日漸成為入讀名校的加分項，甚至必須的要求。例如加州大學系統（University of California System）便要求報讀學生最少在中學階段有2年修讀外語科目，3年或以上會加分；約翰霍普金斯大學（John Hopkins University）則要求報讀學生在中學有3至4年修讀外語。史丹福大學（Stanford University）和芝加哥大學（Chicago University）也要求報讀學生須修讀3年或以上的外語科目。哈佛大學（Harvard University）和耶魯大學（Yale University）對於修讀4年外語科目的報讀學生，也會在審核過程酌量加分。

單是上述趨勢，已足證掌握多種語言能力，除了關乎下一代能否成為具備足夠能力的未來人才，也左右著他們的升學階梯和路徑。

來自亞洲地區的挑戰：香港的多語言優勢能保持嗎？ ———

回到香港，作為一直標榜中英雙語並行乃至「兩文三語」的國際城市，香港在不少國際教育排名上向來名列前茅，特別是對英語或其他外語的掌握能力，更是位處國際前列。例如OECD於2020年10月公布了有關學生國際勝任力評估的結果中，香港學生在使用兩種或以上語言此一範疇中的排名非常高，有92%學生學習兩種或以上的語言，在OECD相關經濟體中的排名僅次於新加坡和拉脫維亞。

然而，香港具有的多語言優勢近年卻好像發生變化。就在以上的同一評估中，香港學生在學校學習兩種或以上語言的學生比例的排名，於亞洲的OECD經濟體中卻只排名第四，低於馬來西亞、菲律賓和台灣。此外，著名國際英語教育企業EF於2020年發表了〈EF英語能力指標〉（EP English Proficiency Index）。根據這一指標排名，香港的平均英語水平於全球排名第33，但在亞洲24個參與排名的地區中只排名第五，低於新加坡、菲律賓、馬來西亞和南韓。

香港在以上兩個評估中的外語學習和能力排名均低於新加坡、菲律賓和馬來西亞等東南亞國家，或許是因為這些東南亞國家本身多民族共處（如新加坡和馬來西亞有華人、馬來人、印度裔雜處）、多種語言並行使用和西方殖民統治的背景，讓她們在學習和掌握多種語言方面，往往更有優勢。

反觀香港，長期的中英雙語並行，令香港學生對英語作為第一外語的能力水平居於國際前列；但與此同時，香港學生對第二外語

乃至其他語言的掌握程度確實不高。根據政府統計處於2017年發布的〈2016年中期人口統計主要結果〉，香港本地出身人士最能掌握的第三語言依次為日語、法語和韓語，但也只有各占2.5%和2%的5歲或以上本地出身人士懂閱讀和書寫日語；各占0.7%和0.6%的5歲或以上本地出身人士懂閱讀和書寫法語；以及各占0.7%和0.6%的5歲或以上本地出身人士懂閱讀和書寫韓語。

在上述情況下，無疑會令人擔憂：到底過往所建立起香港的中英雙語乃至多語言優勢，到底是否無法經受其他亞洲地區的挑戰，而成為劣勢呢？

結語

不論是國際局勢、國家策略，還是與下一代切身的生涯規劃，掌握多種語言，都是攸關下一代乃至香港未來的重要能力。然而，香港能否繼續保持其多語言的優勢，應對不同層面的機遇和挑戰呢？至少在以上排名所呈現的狀況，已顯出其不足。

面對上述情況，香港教育確實需要作出轉變，促進學生掌握多種語言的能力。就此方面，不同國家和地區的相關經驗，或可作為香港的借鏡：

1. 制定促進外語學習的政策框架：例如南韓政府制定了《特殊外國語教育法》，選定53種鼓勵學生重點學習的語言，並資助大學推動特殊外語教育；
2. 提供課程和教學資源：譬如新加坡教育部開設了語言中心，

讓中學生修讀西班牙語等主要外語，並逐漸在中學增設第三語文課程；

3. 將外語學習納入課程整體規劃：芬蘭教育部便從基礎著手，推動由幼兒教育開始進行外語學習，並將第二外語學習擴展至初小階段，以及增加外語選項，鼓勵學生接觸不同外語；

4. 教學策略和工具發展：澳洲政府聯邦教育暨訓練部發展有關早期語言學習方案（ELLA）的軟體，推動學前教育階段的外語學習，並提升幼兒對學習外語的興趣。

到底香港該如何因應本地處境，選取和應用這些經驗，推動學生學習多種語言？這無疑需要進一步的探討。但有一點是肯定的：就在不同國家和地區均如此重視外語學習下，若果香港再不正視此點，則不但過去雙語和多語言的優勢難再保持，更遑論讓下一代在多元文化的環境中，建立自己和城市的未來了。

參考資料

Center For Global Education, Asia Society (2011). *Educating for Global Competence: Preparing Our Youth to Engage the World.* https://asiasociety.org/files/book-globalcompetence.pdf

Center for Global Education, Asia Society (n.d.). National Imperative for Language Learning. https://asiasociety.org/education/national-imperative-language-learning

EF (2020). EF English Proficiency Index. https://www.ef.com/wwen/epi/

OECD (2018). *PISA 2018 Global Competence Framework.* https://www.oecd-ilibrary.org/docserver/043fc3b0-en.pdf?expires=1613468241&id=id&accname=guest&checksum=4F0EDA3F91991787236AB537143F2676

OECD (2020). *Are Students Ready to Thrive in an Interconnected World?* https://www.oecd-ilibrary. org/docserver/d5f68679-en.pdf?expires=1613462554&id=id&accname=guest&checksum =2B16E4D2E15F4BE65389E31B9CF9F8A8

OECD (2020). PISA 2025 Foreign Language Assessment. http://www.oecd.org/pisa/foreign-language/

P21 (2019). Framework for 21st Century Learning. http://static.battelleforkids.org/documents/ p21/P21_Framework_Brief.pdf

李台元（2018）。〈各國的語文教育的新趨勢〉。《國家教育研究院電子報》，第171期，頁1-6。

李靜文（2018）。〈近二十年來第三語言習得研究綜述〉。《雲南師範大學學報》，第16卷第1期，頁28-38。http://cll.newdu.com/uploads/collect/201805/31/ W020180531617397566670152.pdf

政府統計處（2017）。〈《2016年中期人口統計主要結果》〉。https://www.bycensus2016. gov.hk/data/16bc-main-results.pdf

香港中文大學傳訊及公共關係處（2020.10.22）。中大公布學生能力國際評估計畫（PISA 2018）國際勝任力評估研究結果。https://www.cpr.cuhk.edu.hk/tc/press/ cuhk-releases-the-results-of-the-global-competence-assessment-inthe-programme-for-international-student-assessment-pisa-2018/

陳昀萱（2019）。〈雙語教育的國際趨勢〉。《國家教育研究院電子報》，第186期，頁1-11。

教育現場的變革

疫情「新常態」下的教育創新：
師生自主自發成契機

李立中

　　疫情持續，網課忽然成為學校的「新常態」，如何在這「新常態」下讓學與教有效持續，已成為重要的課題。老師由集體嘗試網上教學平台開始，由學習操控程式至處理網路安全，進而思考如何讓學生於網課有效學習，探討怎樣混合線上及線下的學習，各種「新常態」下的教育創新嘗試亦蔚為風氣。然而，究竟學校如何到位並有效協助學生學習？教育創新如何能在這「新常態」中落實呢？筆者以本學年特殊的開學經驗出發，與大家分享和交流。

以慢打快迎接「新常態」的開學 ─────────

　　教育局局長宣佈學校如期9月1日開學，但又不可以面授課堂，這對師生是非常大的挑戰。新學年，學生連自己的老師也未見過，如何溝通？如何啟動網上課堂呢？上學年在沒有計畫下推行的網

課，老師與學生有一定的關係基礎，而彼此對網課的期望，一般也比常規課堂寬鬆。但新的學年開始，豈可隨便。筆者認為最重要是調整師生的心態，要大家認清這是「新常態」，並非復課前的等候期，要以最認真的態度看待。筆者學校用以慢打快的方式，用了四天時間處理「開學」，安排如下：

1. 預備實體教材，學生分時段回校領取

老師在暑假預備了大量實體教材，在適當的防疫措施下，首兩天安排學生分時段回校領取，並要求學生即時登入班主任的網課。如有困難，老師可即時提供技術支援解決困難。這不但可以確保每一位學生也可以駕馭網課平台，更可讓學生感受到學校認真「開課」。

2. 由班主任建立網課常規，幫助學生進入學習狀態

為了讓學生在家也認真學習，學生的第一天網課只有一節班主任課，讓學生與新一年的班主任和同學互相認識之餘，更由班主任建立網課常規，統一要求學生在上網課前準備好學習材料，要求學生如實體課般一邊聽課，一邊寫筆記，要求學生準時出席課堂等。由班主任逐一執整學生上網課的狀態，利用網課開學的新鮮感，對學生提出高的期望。

3. 網課時間表測試日

　　全校要按時間表進行網課，師生也緊張，大家可預計總有師生在登入網課時會遇上不同的困難。因此，我們定了「開學」第四天為網課時間表測試日，全校一起測試，各科老師不用急於教學，可以逐一為學生點名，認識學生，補償因失去面授課堂而有的隔膜。如學生缺席，更可以即時電話支援，讓學生知道學校不會忽視任何一位學生。

4. 提供相應行政及資源配套，一個也不能少

　　學校建立了新的網上點名平台，方便老師網上實時更新學生的出席情況，校務處亦有專責的職員，不斷檢視出席紀錄，按需要作即時聯絡和跟進。學校亦開放禮堂，讓有需要的學生回校借用iPad在禮堂上網課，消除數位鴻溝。

　　經過兩個多星期的觀察，可算是獲得階段性的成功。學生出席率每天超過99.5%，十分理想。因器材或其他問題而中途斷線，未能網課全程出席的學生不足3%。可見師生已認清這是「新常態」，大家也以最認真的態度看待網課。筆者這以慢打快的方式奏效，新學年有成功的開始。

釋放空間予師生　趁機加強自主學習 ─────

　　網課時間表的安排方面，筆者的學校以半日形式進行網課，學

生每天上八節課，每節25分鐘，下午1時完成所有課堂。其餘半日時間讓學生整理自己的學習，做功課等。

很多人以為，因25分鐘時間比正常的課堂時間短，老師必須急速講授課本內容，追趕課程，否則學生的學習會有所落後。筆者的想法正好相反，因為課時有限，老師的教學模式也必須有所轉變和創新，應要減少單向講授的比例，把握實時網課的機會與學生互動。老師要確信學生有自學能力，可以透過閱讀課本自行學習部分課程內容。因此課堂不應集中講授知識，而是要加強與學生互動、處理學生的學習難點及設定課後學習任務，小心設計線上課堂教授及線下自行學習的兩部分的扣連，促進學生成為自主學習者。學生需要學習善用下半天的空間，整理自己上午所學，設定自己的學習目標，完成自己的學習任務。

老師要精心部署每課不足半小時的線上課堂，又要用心設計學生在線下的學習任務，必須要有更多的備課時間及心力。下午的時間正好為老師提供了這空間。

「新常態」下的課外活動 ─────────────────

正如網課的發展令教學模式產生變化一樣，這「新常態」令很多實體的課外活動和學習體驗難以如常進行。坦白講，要安排好網上學習已非容易，因此筆者沒有為學校的課外活動設定特定的指標，以免老師百上加斤。

既然是「課外」活動，其彈性及自由度應該更大。筆者在這

「新常態」下，大膽給予老師及學生更自由的空間去安排課外活動，亦接受在疫情下需要暫停課外活動的現實。

在開學後，筆者在學校教員室隨機問過幾位課外活動負責老師，了解他們面對現時狀況，對於所負責的課外活動有何構思和計畫。結果令筆者驚訝，原來他們各人已靜靜起革命，正嘗試以不同方式自發進行中。例如：

● 公民教育組的學生自行發起每週網上聚會，了解及關心社會上有需要的群體。學生因防疫的考慮不能參與實體義工服務，但他們沒有因此罷休，在師生共同探索下，透過網路在校內發起了募捐活動，支持某非牟利機構。在限制中，這更體現了本校公民教育組由學生主導的宗旨。

● 學生會每年最受學生歡迎的歌唱比賽，本年因疫情無法如常舉行。然而，學生會的幹事非常希望可以繼續舉辦這比賽，在環境限制下，他們經多番商議及解難後，決定組織以網上方式繼續舉辦比賽，更加強了觀眾投票參與的元素，最終在學生的堅持和努力下，圓滿完成。

● 基督少年軍無法進行實體操練，但隊員仍堅持繼續內部培訓，由各小隊長分組為隊員進行網上訓練。例子還有很多⋯⋯

由此可見，原來這些課外活動及學生組織是有生命力的，環境諸多限制，更迫使他們尋找創新的方式繼續進行，發展「新常態」。某些事情，你放手，學生會變得更成熟，更自主。

教育創新建基於教師和學生的自發性 ————————

　　因疫情持續而被迫改變的過程中，筆者喜見師生自發的嘗試和創新。由老師自發嘗試不同網上實時教學平台，到讓學生自發以各種新形式繼續組織課外活動，見證了自發性是創新的原動力。

　　各種學與教的創新要真正落實，師生要有自發性、主動嘗試及自主學習的精神，這可以讓現時的「新常態」成為教育創新的契機而非障礙。

教育新一代構建
可持續發展的智慧城市

麥嘉晉

　　近年全球掀起一股智慧城市（Smart City）熱潮，領先國家及地區均致力發展創新科技、推動相關技術和基建設施，務求有效整合城市的組成系統和服務，以提昇資源運用的效率，優化城市管理和服務，以及改善市民生活品質。在急速城市化及人口持續增長的影響下，專家估計2050年全世界人口達九十億，當中七成人口將住在城市裡，而智慧城市發展所產生的效率、效能和效益，對解決城市人口膨脹所帶來的壓力和負擔起著關鍵作用。

　　歐美有不少智慧城市的早期案例：紐約首先通過數據挖掘、監測和分析，有效預防了火災，目前數據項目已擴大到2400項，涵蓋學校、圖書館等人口密集度高的場所。倫敦則在多年前已透過數據管理交通，例如在2012年奧運會期間，收集來自閉路電視攝影機、地鐵咭（編按：即「地鐵卡」）、手機和社交網路的即時資訊，確

保火車和公車路線只有限地中斷，保證交通暢順。在亞洲，中國內地在智慧零售、大數據應用、電子貨幣方面均發展成熟並領先全球；而新加坡近年在智慧城市發展上更成功「超英趕美」，在2017年全球20個最佳智慧城市中排行第一：民眾使用智慧手機普及率高，政府也致力於發展結合交通運輸、公共安全、保健服務等智慧科技，生活上只要「一鍵」就能完成各項需求。

　　香港智慧城市發展起步時間較遲，開始時亦只著重資訊科技基建，較少與市民日常生活品質及公共服務效率扣連，以致在早年備受批評和競爭壓力。特區政府近年正積極研究如何將香港發展為世界級智慧城市，並推出「香港智慧城市藍圖」，以推動創新科技為主軸，涵蓋出行、生活、經濟、環境、政府、人才（智慧市民）等範疇，算是我們近年一份較全面的發展計畫。

　　我親身投入創新科技、搞智慧農業已有一段不長不短的時間，對香港在發展智慧城市的機會、挑戰，以及一些必要條件，算是有一些切身的經歷和體會：一個世界級的智慧城市，必須具備可持續性（sustainability），即是我們在發展智慧城市的過程中，在資源開發、投資方向、技術發展和制度變革中如何將環境、經濟、社會、文化四方面盡量達致平衡與和諧。以香港為例，我們作為國際金融中心，大力推動金融科技（FinTech）的發展理所當然，作為智慧城市中首批重點創科範疇亦合情合理，但若果我們只在傳統重點領域（如金融、醫療、地產、物流、專業服務等）投入資源、開發技術，卻對食品供應和安全、能源科技、環境保護這些重要領域上

缺乏投資，以至香港將來的食品及能源需求均長期依賴進口補給而環境持續被破壞，那我們所發展的智慧城市是先進但不具可持續性的，亦因此不能真正達致改善市民生活品質這基本目標。

那我們應如何構建香港成為一個可持續發展的智慧城市呢？答案是：必須培育兼具視野和技術的人才。智慧城市需要高科術人才去進行數位化（digitalization）工程、開發人工智能、大數據收集分析與應用、建立物聯網及各大電子平台（如電子商貿、虛擬銀行）等複雜技術工作，這不難理解，亦是政府投資創科教育的重點，近期推出的「中學IT創新實驗室」計畫及創科實習計畫，便是典型的例子。然而，單靠硬技術並不足夠，可持續發展需要為環境、經濟、社會、文化各方面找出發展的平衡點，這需要我們在教育改革中引領新一代去建立環球視野、了解本地機遇和挑戰、培養對社區的人文關懷和聯繫。以我從事的智慧農業為例，我們與本地多間中學合作的教育項目，在傳授學生最新農業科技知識之前，我們團隊會向他們分享全球農產品供應及安全問題、本地農業所面對的挑戰、傳統農業經濟與環控農業科技的發展和分別等知識，務求令學生在對身處的地方和周邊地區的農業格局有基本的認識之後，才進一步學習技術。不僅如此，在使用最新的農業科技種出新鮮安全的蔬菜後，我們和學校安排學生把成果與附近社區有需要人士分享，從而讓他們了解到當前社會基層人士在日常生活上所面對的問題，增強學生在環境、經濟、社會等方面的相關知識，令他們學習得來的技術有了應用的靈魂，也讓將來有志投身創科的新一代有了

可持續發展的概念。

　　香港在智慧城市發展的道路上走到了分水嶺，究竟我們是在構建一個環環相扣的可持續發展城市？還是只在以科技重複重點產業提升的老路？這個不僅是政府及創新科技界需要探索的方向，也是香港的教育工作者需要深思的問題。

▋ 突破文化界限的學習

李立中

　　世界正走向全球化，但民族之間的文化差異仍然很大，族群之間互不了解，會引發彼此之間的不安感，容易引發誤會及矛盾，這是世界走向全球化要面對的挑戰。學校作為培育新世代的地方，如何引導學生認識不同民族、了解文化差異、尊重不同文化，是學校教育重要的一環。

　　所謂「讀萬卷書不如行萬里路」，透過體驗式學習，讓學生離開自己的圈子，走進陌生的群體，親身體驗其他文化，成為近年教育界的新趨勢。香港教育局近年亦大量投放資源，設立全方位學習津貼等，讓學生可以獲得更多資助參與本地、內地及海外考察交流。但是，學校應如何設計交流活動呢？學生的學習目標是什麼呢？讓我透過本校的經驗，分享一下不同層次的文化交流及境外學習活動。

跨宗教文化體驗

　　宗教是民族之間出現矛盾的一大原因。在香港，教會學校占了學校很大的比例，很多學生對基督信仰有一定的接納，但對其他宗教則了解不多，容易產生誤解。本校是基督教學校，過去一直推行基督教教育，甚少讓學生在校內涉獵其他宗教。近年本校引入新安排，希望可以教導學生對其他宗教有基本了解，學習尊重不同的宗教及信仰群體。本校在全方位學習日，組織全體中一學生走訪不同宗教場所，包括佛教寺、道教仙館、印度教協會、清真寺、猶太教會堂、天主教座堂等，讓學生親身與不同的信仰群體接觸，直接聆聽不同宗教的人士解說他們宗教禮儀背後的意義，了解不同宗教的信仰觀念。參觀完畢後，老師回校再在課堂內與學生反思活動中的體驗，引導學習尊重不同的宗教傳統。

不同層次的境外學習

　　要讓學生認識不同民族的文化，帶領他們往外地考察交流是最實際的方法。近年來，大部分學校也有籌辦境外考察，讓學生了解外地文化，拓展視野。早期的境外活動，往往也是由校外機構或老師主導，學生雖可踏足異地，但學習模式被動，真正文化交流不多，行程以參觀名勝為主，不能深入了解異地文化，所學的大部分也是二手知識。

　　有見及此，本校以新方式籌辦境外學習活動，由老師主導改

為學生主導。學生需要分組就行程預先搜尋資料，閱讀當地文化，自行安排行程，抵步時由學生帶領，隨團的領隊老師變為跟隨者及支援者。到達景點時，由各組學生負責導賞及解說，學生由被動的學習者變為主動的學習者。既然由學生主導，如行程中遇上各種困難，也由學生嘗試直接與當地的人溝通，尋求當地人士的協助以解決困難，這逼使學生更深入了解異地文化，更直接與當地的人士接觸，親身體驗外國人的溝通方式及生活文化。

除此之外，我們亦期望透過境外學習活動，讓學生與不同民族的人一起生活，與外國朋友一同學習，結識不同國家的朋友。近年，本校幾次組織學生遠赴韓國參與世界青年領袖夏令營，我們先與當地大學洽商，確保學生在當地可以結識不同國籍的參加者，而且在編配大學宿舍房間時，特意安排不同國家的參加者同住，讓他們由生活層面開始交流認識，然後一起參加學習活動，打破學生自己的小圈子，透過這些活動，逼使他們融入異族文化。境外學習是體驗式學習的一種，我們必須將重點放於學生的學習經歷，到訪什麼景點並不重要，旅程中接觸什麼人才是重點。我們要定位準確，不要讓交流變為旅遊活動。

國際交換生計畫

要認識異國文化，除了遠赴外地考察，我們還可以透過接待國際交換生將外國同學帶入校園，讓全校學生參與跨文化學習。本校六年前成為了AFS國際交換生的接待學校，每年也接待國際交換生

於學校交流一年，至今我們已接待過德國、義大利、匈牙利及俄羅斯的交換生多名。

　　當初成為接待學校時，無論老師、同學也十分緊張，有一連串的疑問：究竟課室內有外國學生一起上課的情形是怎樣的？師生不懂德語、俄語，如何與對方溝通？我們要英語上課嗎？我們要派人替他翻譯嗎？考試應如何安排？……但當交換生每一天在學校與師生一起生活，這些疑問逐漸解決。我們發現不少學生對外國同學很好奇，很多學生願意主動與外國同學交朋友，認識他們的飲食習慣，一起參加課外活動，學生的國際視野擴闊了，對異國文化的了解也多了。跨過了恐懼後，近年更開始有學生表示渴望自己班內會有國際交換生呢！

　　在接待交換生之外，我們也希望鼓勵學生自己做國際交換生。本校學生較多來自基層家庭，連出國旅遊的經驗也不多，要有跳出香港到海外做交換生的勇氣，談何容易。但透過在校園內接觸國際交換生，他們明白到要融入異地文化並非想像中困難，漸漸開始多學生有勇氣隻身走出去，申請做交換生到異地學習體驗。自本校接待交換生開始，已有15位學生透過AFS或「原來我都得架」獎學金計畫成為國際交換生，分別前往美國、義大利、法國、匈牙利、阿根廷、拉脫維亞、芬蘭生活一個學年，學習當地語言，寄宿當地家庭，深入體驗異地文化，真真正正與融入異族當中。〔國際文化交流（AFS）是在第一次世界大戰後成立的組織，他們認為民族間互不了解是引發戰爭的原因之一，希望透過交換生計畫，讓年輕人在

學生階段有機會置身於異國文化，在異族群體中生活及學習，化解族群之間的誤解，為世界和平付出一點努力。〕

　　這兩年，社會矛盾衝突越趨頻繁，群體之間的誤解加深，更突顯學校教育在引導學生了解不同族群及尊重不同文化的重要性。今日，讓學生學習跨越文化界限應該是學校教育中重要的一環。讓我們一起努力。

未來教育與社會創新

李建文

　　在瞬息萬變的時代，以今天解讀明天，或許已經不合時宜。因此，單憑過往所想像、所經歷的經驗已不足以幫助孩子面對未來的挑戰。作為教育工作者，目光需遠大和具前瞻性，方能培育一群具有未來視野和開創潛力的年輕人，讓他們有能力於未來創一番新天地。現今學校不僅限於讓學生學習知識，更提供發掘潛能和興趣的平台，各展所長，發展多采的未來。學校應創造不同的機會，讓學生將課堂知識付諸應用，甚至不只裝備以適應未來，更是成為帶領未來變化的創造者。

　　培養學生品德價值和學生智能是學校教育不可缺少的一環。品德價值方面，學校可嘗試從不同層面著手，把品德價值融入課堂或活動中，讓同學們學習關心別人、關心世界之道。培育學生智能方面，學校應製造多元化的學習機會，讓學生學習學科知識後，以培養整合、應用和轉移能力為目標，使學生可掌握實用的知識和技

能，日後服務社區、貢獻世界。

故此，要實踐「未來教育」，應有以下三大發展方向，培育學生成為21世紀的社會棟樑：

未來校園（Future School）

透過多元化的學習活動，讓同學體驗、學習和應用STEAM〔編按：指Science（科學）、Technology（科技）、Engineering（工程）、Art（藝術）、Mathematics（數學）的首字母縮寫〕和數位知識，並鼓勵學生發揮創意，為改善未來人類的生活品質而努力。學生除透過整合及應用不同科目的知識和技能外，更需引入社會創新（Social Innovation）的元素。

社區校園（Community School）

學校培養學生關心社區，善用社區資源配合學生學習及成長需要。同時，透過與社區的聯繫，讓學生了解社區的特色和需要，學生善用知識，在老師的教導下加以應用，以創新的思維及手法，發現和解決社區的需要。學校亦開放資源與社區團體共享，並與鄰舍一起創建更和諧和健康的社區。

健康校園（Well-being School）

透過健康校園政策和提供多元化健康學習經歷活動（Well-being Learning Experience），推動學生建立成長型思維和習慣，並全面照

顧學生在身體、心靈和社交健康發展的需要。

　　以上三大發展方向，透過三大元素「硬件」、「軟件」（編按：台灣分別稱「硬體」及「軟體」，此配合內文形式保留用詞）、「心件」的配合與盛載，建立一條可以飛往未來的跑道，讓學生展翅高飛。

「硬件」：多元化的實境學習場地（Authentic Learning Setting）

　　實境學習的好處就是讓學習活動發生在真實和豐富的環境中，讓學生更容易投入及掌握學習內容，提升學生的學習動機及教學效能。

「軟件」：貼合21世紀發展的專業課程和學習經歷設計，建立學生的未來能力

　　老師所設計的實境教學課程（Authentic Curriculum），讓學生在一個有利的學習環境和專業的教學內容互相緊扣下，在校內也可體驗實境學習的樂趣和好處。實境教學課程內容不單將知識、理論和實境互為配合，更刻意加入品德情意教育，例如責任感、尊重、誠實、勤奮等。在校園推行實境教學課程，能讓不同業界的從業員或專業人士進入校園，和教師合作；有系統地教導學生品格、知識和技能。有別於外出參觀、交流的短暫學習，這模式能讓導師和學生建立更緊密的關係，掌握學生的學習差異，適時與老師調整教學

進度，提升學習成效。在校園施行實境式教學，讓學生體驗實境學習的樂趣，既是教學創新，亦回應學生學習需要。

「心件」：師生間的情感依附和支持互動

刻意營造充滿喜悅和關愛的校園氣氛，老師時刻陪伴和聆聽，與學生建立如家人的關係。

上述兩部分的結合構成了一個「32策略框架」，讓校園能更有系統地創造出更多有助孩子因應未來發展所需的學習機會和可能性。例如學生在設備完善的智能學習中心（硬件）參與了STEAM的學習課程（軟件）。在老師的悉心指導和陪伴下（心件），同學正按著區內長期病患長者的需要（社區校園），應用最新科技知識（未來校園），埋首應用所學和創意，設計出「智能分藥器」。這個設計不但能改擅長者生活，更能建立起學生的成就感和與長者的良好關係（健康校園）。

以上所提及由學生設計的「智能分藥器」，曾在「匯豐香港社區夥伴計畫」中獲得網上最受歡迎作品，並應邀於早前舉行的樂齡科技展中參與展出。學生的成就再一次印證有好的硬件、軟件、心件及一個合適的教育方向，學生必定找到屬於自己的舞台。「32策略框架」，提供全面的學習環境與過程，是成就未來人才最重要的關鍵。培育技能的過程，啟發學生的學習興趣，也能配合未來社會的發展需要。

未來的學習中心是栽培學生的良田，學生不分貧賤富貴、不分能力高低，都應接受均等的優質教育機會。學習中心因應社會變遷提供多元化學習場景，加上教師本著以人為本、因材施教的原則，發掘學生的獨特面及專長加以培育，燃亮學生的未來，迎接未來每一個不同的挑戰。

香港身分教育的糾結

▌香港教育中身分認同的多重糾纏

沈旭暉

　　無論是什麼立場，都不能否認，我們正進入一個「新香港」，進入一個生活狀況、形態，各方各面都邁向「典範轉移」（Paradigm shift）的年代。而隨著去年底至今高中核心科目改革，以至國安法教育指引的公布，也顯出香港教育亦伴隨「新香港」的來臨，進入全新的階段。在此時此刻，正是一個時機，讓我們回顧一下歷史，看看香港教育在這些年來，在身分認同上的種種糾纏。

回歸前後的德育及公民教育與多重身分糾纏的開端 ————

　　相信大多數人都無法否認，香港教育中的身分認同糾葛與回歸前後的轉變息息相關。不少教育學者，如胡少偉（2010）、謝均才（2001）、陳健強（1996）、曾榮光（1995）等，均曾指出，香港在英國殖民統治時期，並無著意於教育中關注香港人的身分認同，也無特別注意培養香港居民的身分認同。直到1990年代回歸前後，

香港開始面對從殖民地到回歸中國的轉折期，到底該在教育中如何培養香港人的國民身分認同，乃至對公民素質和價值觀的培育，才漸成為受關注的課題。

港英政府在1996年，臨近回歸前發布的〈學校公民教育指引〉，才開始明確提出要重視培養學生的公民身分。而此一指引的內容亦指出，香港人的公民身分與其國民身分認同密切相關：「一個人的公民身分決定於他的國民身分，民族主義和愛國主義不僅對人的國民身分及歸屬感形成十分重要，而且對一個國家的凝聚力的形成、對國力的增強也非常重要」（課程發展議會，1996）；與此同時，這既關乎一個人所在的特定國家和社會，也必然涉及一些「普效性的價值」。

由此可見，有關身分認同的教育在回歸前後開始，便是處於國民身分、公民身分、普世價值等不同面向的相互關聯中。而在其後至今的香港教育發展中，亦呈現出以下多重的身分認同糾纏。

第一重糾纏：個人與國家

很明顯的，自回歸以後，如何培育學生的國民身分認同，成為了香港教育發展的一個重要方向。這也隨著香港教育改革的開展，逐漸得以推行。在標誌著教育改革開展的〈學會學習——課程發展路向〉（2001）文件中，便將德育與公民教育納入四個關鍵項目中；而其後一年的〈基礎教育課程指引——各盡所能‧發揮所長〉（2002）中，亦直接將國民身分認同作為五種首要培養的價值觀和

態度之一。

　　一如不少國家和地區的做法，香港教育採取將國民身分認同的教育和個人品德及價值觀培育結合在一起的進路，將身分認同的培養主要在德育與公民教育的框架下進行。在這樣的框架下，對身分認同的培育仍然依循著「個人→家庭→社群→香港→國家」的層次遞進推行，在較初階的學習階段亦較著重於個人品德和價值觀的培育，例如在2006年的〈學前教育課程指引〉（2006）中，便強調幼兒在「個人與群體」範疇中的學習焦點是「從認識自己進而認識社會，明白個人與社會的密切關係，建立公民意識」。

　　然而，在德育與公民教育的框架下，如何處理個人身分與國民身分認同的關係，依然是一個不可解的問題。已有台灣學者批評，早在回歸前的公民教育中，對個人獨特性、權利、人權等的關注幾乎付之闕如；而在回歸後的德育與公民教育中，相關的課題仍然沒有納入課程內容中（單文經、陳鏗任和洪泉湖，2003）。

　　而隨著香港教育的發展，看到的卻是「國家」的重要性不斷提升，令「個人」逐漸被放到較次的位置。在2012年因備受爭議而擱置的〈德育及國民教育科課程指引諮詢稿〉（2011）中，已有將個人身分掛鉤於國民身分認同，乃至國民身分認同作為個人身分前提的傾向：「個人與國家發展並非兩個獨立概念，人民是國家的重要資產，個人良好品德有助推動國家進步發展，而個人亦會因國家進步發展而受惠。」就算這一指引被擱置，其後的發展仍承襲此一傾向。於2014年的〈基礎教育課程指引（小一至小六）〉中，甚至明

言「個人身分的建立，與公民及國民身分認同感有緊密的關係」。

　　撇除近兩年的新發展，國民身分認同在課程規劃中彷彿已成為統攝包括個人身分在內的所有身分認同的要素。在2017年更新的小學和中學教育的七個學習宗旨中，已分別強調要讓他們「認識自己的國民身分，並懂得關心社會、國家和世界，成為負責任的公民」；「認同國民身分，並具備世界視野，持守正面價值觀和態度，珍視中華文化和尊重社會上的多元性」。但個人與國家在身分認同方面的糾葛如何安置，仍將是持續不斷的難題。

第二重糾纏：個人與國際

　　雖然香港一直被視為國際城市，不過學生的國際視野，乃至對自己作為國際一員和世界公民的認同，向來都被視為有所不足而亟需加強。一些教育學者早已批評，無論是回歸前的公民教育，抑或是其後的德育與公民教育，都有著強烈的「泛道德化」傾向，即大多著重對學生個人道德和價值觀的培育（Tse, 1997；梁恩榮和阮衛華，2011）。而在現行的德育與公民教育框架中，在劃分不同的層次上，亦只有「個人成長及健康生活」、「家庭生活」、「學校生活」、「社交生活」、「社會及國家生活」，國際層次顯得缺席。

　　針對在身分認同中國際層面的不足，一些非政府組織長期都致力推展相關教育，例如樂施會自2000年代初，便持續推動「世界公民教育」，希望推動學生「對本地及國際發展議題，作仔細觀察、批判思考、深入分析，以及身體力行，做個負責任的世界公民」。

而目前處於爭議浪尖風口的通識科，在剛推出時的課程指引中，也將幫助學生「成為有識見、負責任的公民，認同國民身分，並具備世界視野」作為主要學習目標之一。而在教育局近年的課程文件中，也愈來愈常將「具備世界視野」「關心世界」列為主要的學習宗旨。

根據2015年的〈新高中學制檢討報告〉，大部分受訪校長均認為學生在具備世界視野方面，仍有改善空間。那麼，隨著近年政府強調學生要具備「國家觀念、香港情懷和國際視野」，加上向被視為教育競爭力指標的PISA將國際勝任力納入評估項目中，學生在國際層面的身分認同是否有所增強或改變？若根據去年的PISA國際勝任力評估結果，香港學生在有關全球議題的知識、以及在掌握不同語言等個人能力方面，確實表現不錯；但他們在一些關乎世界公民的重要價值觀，如換位思考、跨文化交流的意識、理解他人的觀點方面，卻仍有不少改善空間。這無疑突顯了個人與國際在身分認同上的糾葛仍將持續。

第三重糾纏：香港與國家

不論在回歸前的〈學校公民教育指引〉，還是回歸後的德育與公民教育，都沒有特別著墨於對作為「香港人」的身分認同的培育。而在現行的德育與公民教育框架中，有關香港的內容都納入「社會及國家生活」的層次中，並無單獨列出。雖然有教育學者指出，作為中國一部分的香港的地域認同，與對國家整體的認同並無

矛盾，而在推行國民身分認同的培育時，也不應忽視對香港本地特點的關注（胡少偉，2010），但自回歸後，香港教育中的身分認同培育確實是以國家為主，而並無著意強調「香港人」的身分認同。

當然，在德育與公民教育框架以外，其他學習領域的課程仍有不少關於香港的內容。例如生活與社會科（2010）中的「我和香港政府」和「維護香港核心價值」；以及歷史科新修訂課程指引（2019）中的「20世紀香港的成長與蛻變」；乃至現行通識科的「今日香港」單元，有關香港的內容俯拾皆是。

然而，隨著對國民身分認同的培育愈來愈成為教育的主要目標，國民身分認同的重要性在課程文件中一再被予以強調；2008年的〈新修訂德育及公民教育課程架構〉中提出「加強國民教育的推展，自回歸祖國，提高學生對國家的認識及國民身分認同，成為本局的重要工作。」；2014年的〈基礎教育課程指引（小一至小六）〉更明確指出「香港是中國的一部分，幫助學生從小開始認識自己生活的地方，並從認識的過程中建立對國民身分的認同，是香港學校課程其中一個重要目標」，並要「提高學生對國家的認識，加深對《基本法》及『一國兩制』的理解，並建立對國民身分的認同」。這顯出，不單國民身分認同在身分認同培育中成為重中之重，而香港乃至香港人的身分也必須放在國家的框架內加以理解和檢視。在國民身分認同培育的大趨勢下，反而更突顯了香港與國家在身分認同培育上的糾纏。

第四重糾纏：香港與世界 ─────────────

香港作為國際城市，其身為國際經濟樞紐的地位，以及與國際緊密聯繫的特性，向來為不少人所重視和強調。而在回歸前的〈學校公民教育指引〉中，亦提及讓學生認識到香港是世界的一部分，和培育他們作為社會和國家的公民一樣，都是重要的學習目標。

然而，回歸後的德育與公民教育，已沒有再明顯關注對香港人作為世界一員的認同；而在香港教育的發展中，該如何處理香港在世界上的定位？香港人的身分認同與其國際聯繫，以及其人口構成的多元性有何關係？與其他層面的身分認同的關聯是怎樣的？這些問題似乎也並未獲得過充分的處理。

誠然在不同學習領域和科目的課程中，有關香港與世界連結的課題從不缺乏：從生活與社會科的「寰宇一家」、「香港作為國際金融中心和全球城市」；〈個人、社會及人文學習領域課程指引〉（2017）的「香港居民的多元文化背景及其對香港發展的重要性和影響」，以及歷史科新修訂課程指引（2019）中的「香港直至19世紀末的成長與發展──英國殖民管治與不同民間團體對香港的發展有何影響？」等。但是，這些內容是否就能幫助學生具備對香港作為世界一員的意識和認同？隨著國民身分培育的不斷強化，香港與世界聯繫的意識會受到怎樣的影響？在香港這個國際城市，教育發展中香港與世界在身分認同上的糾纏，似乎仍是不休不止。

身分認同糾纏中呈現的「新香港」苗頭

　　從2017年施政報告首次提到的「國家觀念、香港情懷、國際視野」，可見不同層次的身分認同，在香港教育發展中形成多重的糾纏。而隨著國民身分認同在身分認同培育中日益成為主導下，這多重的糾纏，更在個人、國家、香港、世界等不同層次的身分認同培育中，帶來程度不小的矛盾和張力。

　　當然，在港區國安法頒布、高中課程改革等新近的發展下，「新香港」已開始成形。到底這「新香港」的出現，會對香港教育帶來怎樣的影響？香港教育中身分認同的多重糾纏，是會緩和、消失？還是激化、衝突？或是有其他可能的方向？這將是我們踏入這個新階段的過程中，必須面對的難題。

參考資料

Tse, K. C. (1997). *The poverty of political education in Hong Kong secondary schools*. Hong Kong: Hong Kong Institute of Asia-Pacific Studies, Chinese University of Hong Kong.

胡少偉（2010）。〈香港國民身分教育的回顧與前瞻〉。《香港教師中心學報》，第九期，頁34-46。

香港中文大學傳訊及公共關係處（2020.10.22）。〈中大公布學生能力國際評估計畫（PISA 2018）國際勝任力評估研究結果〉。https://www.cpr.cuhk.edu.hk/tc/press/cuhk-releases-the-results-of-the-global-competence-assessment-inthe-programme-for-international-student-assessment-pisa-2018/

教育局（2015）。〈新學制中期檢討與前瞻報告　持續優化　不斷進步〉。http://334.

edb.hkedcity.net/doc/chi/MTR_Report_c.pdf

教育局（2018）。〈小學教育的七個學習宗旨〉。https://www.edb.gov.hk/tc/curriculum-development/7-learning-goals/primary/index.html

教育局（2018）。〈中學教育的七個學習宗旨〉。https://www.edb.gov.hk/tc/curriculum-development/7-learning-goals/secondary/index.html

梁恩榮和阮衞華（2011）。《公民教育，香港再造！》。香港，印象文字及香港基督徒學會。

陳建強（1996）。〈香港公民教育的回顧與前瞻〉。載於《道德與公民教育》（頁234）。香港：香港教育研究所。

單文經、陳鏗任和洪泉湖（2003）。〈香港公民教育的歷史發展與重要問題〉。載張秀雄（編著）。《新世紀公民教育的發展與挑戰》（頁71-97）。台北：師大書苑。

曾榮光等（1995）。〈民族教育與公民權責教育之間：過渡期香港公民教育的討論〉。《教育學報》第23期第2卷，頁1-26。

課程發展議會（1996）。《學校公民教育指引》。香港：香港教育署。

課程發展議會（2001）。〈學會學習──課程發展路向〉。https://cd1.edb.hkedcity.net/cd/TC/Content_2908/cappendix/app2.pdf

課程發展議會（2002）。〈基礎教育課程指引──各盡所能‧發揮所長〉。https://www.edb.gov.hk/attachment/tc/curriculum-development/4-key-tasks/moral-civic/BECG%203a%20MCE.pdf

課程發展議會（2006）。〈學前教育課程指引〉。https://www.edb.gov.hk/attachment/tc/curriculum-development/major-level-of-edu/preprimary/pre-primaryguide-net_tc.pdf

課程發展議會（2008）。〈新修訂德育及公民教育課程架構〉。https://www.edb.gov.hk/tc/curriculum-development/4-key-tasks/moral-civic/revised-MCE-framework2008.html

課程發展議會（2011）。〈德育及國民教育科課程指引諮詢稿〉。https://www.edb.gov.hk/attachment/tc/curriculum-development/moral-national-edu/Draft_MNE_subject_curr_guide_0505_2011.pdf

課程發展議會（2014）。〈基礎教育課程指引（小一至小六）———聚焦・深化・持續〉。https://cd.edb.gov.hk/becg/tchinese/chapter3A.html

課程發展議會（2015）。〈通識教育科課程及評估指引（中四至中六）〉 https://334.edb.hkedcity.net/new/doc/chi/curriculum2015/LS_CAGuide_c_2015.pdf

課程發展議會（2017）。〈中學教育課程指引〉。https://www.edb.gov.hk/attachment/tc/curriculum-development/renewal/Guides/SECG%20booklet%202_ch_20180831.pdf

課程發展議會（2017）。〈幼稚園課程指引〉。https://www.edb.gov.hk/attachment/tc/curriculum-development/major-level-of-edu/preprimary/TC_KGECG_2017.pdf

謝均才（2001）。〈公民教育和政治教育〉。載貝磊和古鼎儀（編），《香港與澳門的教育與社會：從比較角度看延續與變化》（頁137-153）。香港：香港大學比較教育研究中心。

香港教育中所呈現
對身分認同的不同光譜和取向

沈旭暉、曾家洛

　　正如上一篇文章所試圖梳理的，香港教育中的身分認同，始終在多重身分的張力中反覆糾纏。而這一切，在去年《港區國安法》頒布，以及高中核心科目改革、國安法教育推行等大幅度的教育變革中，可能會出現翻天覆地的變化。隨著這個「新香港」已然來臨，我們尚未知道，到底屆時的教育和身分認同培育，會變成什麼模樣。不過正是在此時，也可讓我們回顧一下香港教育中有關身分認同的不同討論和取向。不論光譜如何、取態如何，那是一個多元紛呈、對身分認同議論百花齊放的年代。

以國民身分認同涵蓋身分認同教育 ——————

　　自回歸中國以來，對香港人身分認同的培育已成為香港教育最核心的事務之一，而隨著近二十多年的發展，對國民身分的培育更

愈來愈取得主導的位置，在此不贅。

　　而在不少偏向保守立場的論者眼中，由於英國殖民統治時期沒有著力塑造香港人的身分認同，令面對回歸時，這一身分認同的闕如成為不得不處理的課題，因此這種發展是無可避免，甚至是應有之義。有教育學者在2000年代初便已指出，由於港英政府在1967年後，「重視『懷柔政策』，於課程不著痕跡地幕後操控，少有公然『鎮壓』，淡化年輕一代中國青年的民族意識，在一定程度上頗為成功，故回歸後在公民教育方面，須下一番不偏不倚的『撥亂反正』工夫。」（葉國洪，2002，125）當中亦明確表示「香港推行公民教育，應該使香港市民在面對97前後的國民身分轉變時，能夠處於泰然、樂於接受及認同新的國民身分。」（葉國洪，2002：126），並以「公民教育／國民教育」的方式指稱身分認同的培育。

　　這樣的表述，其實已很接近將對身分認同培育涵涉在國民身分認同的教育中。而在前幾年面對「港獨」思潮的出現，亦有相近立場的論者提出，應該推行一套以國民身分培育為根本宗旨的公民教育。在這種倡議中，「公民素質可以理解為：根在中國，有強烈公民責任感，擁護『一國兩制』，認識寰球、中國和香港議題和情況」（馮可強，2017），而公民教育的目的是在於「引導學生認識香港與中國內地不可分割的關係、『一國兩制』和《基本法》的由來和議題，進而建立香港特區永久性居民中的中國公民身分認同。」（馮可強，2017）在這一理解下，雖然仍有公民教育的名目，而且還有現行課程框架所納入的本地、國家、全球等不同層

次的元素，但卻已有以國民身分認同去統攝整個身分認同培育的趨向。

　　當然，持相類立場的論者，也沒有否認香港人有其本地的身分認同，不過在他們看來，「香港人」的身分認同和「中國人」的身分認同並不是矛盾，而是前者統攝於後者，屬於一國下的本地群體認同。例如有論者便認為作為本地居民的「香港人」和作為一國公民的「中國人」的「雙重認同」，一直是主流，「香港人」與「中國人」身分相輔相成，增強港人認同感與培養國民身分並非對立」，並指出「建立鞏固的雙重認同，方為落實一國兩制的有利條件」。（宋恩榮和潘學智，2017）

　　在這樣一種對國民身分認同培育的理解下，注重情意便成為首要的策略。有持相近觀點的教育學者便指出，「國民身分教育不單是一種知識的理解，也是一種情意的培育[⋯]這被忽視了的情感在政治生活中非常重要，因為它有助加強社群中各成員的團結意識和歸屬感」（胡少偉，2010），國內交流體驗亦因而被視為能提升學生對國民身分情意的有效方法。而理工大學近期有關此類活動的調查亦顯示，不少學生在參與這些活動後，對中國內地及內地民眾有更正面的態度，且同時對「香港人」、「中國公民」、「中華人民共和國國民」及「中華民族一員」的「身分認同強度」，均有顯著提升。這彷彿在呼應著以上論者的觀點：在國民身分認同為大前提下，國民身分認同和本地認同可以是和諧並存的。

公民教育和「理性的愛國者」 ─────────

　　有別於強調國民身分認同培育主導性的觀點，自回歸後，另一種較強調「公民教育」的名義和概念的觀點亦同樣長期存在。從抱持這種觀點的論者而言，他們固然同樣批評港英政府在殖民時期並無著意推動身分認同的培育，但他們的重點卻側重於對香港人作為本地乃至多元公民的身分培育（謝均才和馮菀菁，2018）。

　　根據這一理解，國民身分認同固然是公民教育中的重要元素，但只是其中一部分，「國民教育只是『多元公民教育』（簡稱為公民教育）的一個環節，絕不可以部分取代全部」，「一個『公民』，可以同時屬於不同的『政治群體』，擁有不同身分。故此，公民的概念至少涵蓋了地方公民、國家公民、區域公民和世界公民等多重身分的『多元公民』（multiple citizenship）」（民間公民教育聯席，2013），這一理解意味著，作為身分認同培育的範疇，公民教育要培育的是包含個人、本地、國家、世界等多重層次的公民身分。根據這種多元公民身分，學校教育的目標應是「讓學生認識及瞭解其自身擁有的多重身分，雖然身處香港，也不應只局限在兩種身分之中，反而應由此引導他們去明白和反思這種多重身分觀」。（謝均才和馮菀菁，2018）

　　在這種對公民教育特性和多元身分認同的理解下，知識建構和理性思考成為身分認同培育的主要取向。有抱持此一觀點的教育學者指出，國民教育是有知性和情感的雙重使命，所採用的教學法

必需能滿足這雙重使命（梁恩榮，2008）。基於多元身分培育的需要，公民教育應採取多元的教學方法，兼顧「參與式學習」、「爭議性課題」、「批判思考」和「情意教育」四種取向，以達到同時顧及學生對身分認同的情意和理性發展。

不過這一取向所較重視的，始終是理性思考和批判的面向。有教育學者指出，在具備充分知識和理解下，才能幫助學生分辨如何愛國才是「愛得合宜」，並達到「明智的愛」，即不單愛國，同時亦體察其他更高的價值（謝均才和馮菀菁，2018）；亦有學者提出公民教育的目標應該是培養學生成為「理性的愛國者」，即是能持平地及批判性地從不同角度來處理有關身分認同的議題，並能反思及討論各觀點，培育批判思考（香港社會服務聯會，2008）。這比起灌輸式或側重情意的教學方式，更切合香港作為國際城市的多元特性（梁恩榮，2008）。

在這種對公民教育的觀點下，身分認同的培育應是在重視知識建構和理性批判的前提下進行。這一觀點認同國民身分培育的重要性，「讓學生自由討論及選擇身分認同。在建構主義的教學模式下，學生透過澄清概念及價值觀，以及多角度分析的討論過程，一般也難以全盤否定中國人身分，亦能表達對傳統文化的欣賞」（陳曦彤，2020），同時亦指出國民身分培育只是香港人多元身分培育的一環。在持相類取向的論者看來，2011年的德育與國民教育科課程文件，之所以會引起爭議，正是由於他們認為這種以「國民教育」取代「公民教育」命名的做法，「完全改變此科的教育本質，

收窄公民教育的應有面向」（民間公民教育聯席，2013）。

本土意識與身分認同教育

隨著近十數年的社會和政治衝突，對香港人本土意識的關注日益受到重視，乃至不少人重新審視香港人獨特的身分認同。雖然這些論者對於香港人的身分認同到底是什麼、以及這種香港人身分認同與作為中國人的身分認同應處於什麼關係，當中的看法有很大差異，但他們的共同之處在於，他們都希望確認和捍衛香港的價值與獨特性（Hong Kong's distinctiveness）（Fung 2010: 595；Yew & Kwong 2014, 1091；鄭祖邦，2019）。

不少抱持這種理解的論者，都會傾向將自回歸至今的身分認同培育，都被視為威脅香港人獨特身分認同的「洗腦教育」；同時亦由於粵語和繁體字被視為香港人獨特身分認同的重要構成元素，因此近年在不少學校推行的「普教中」也被認為是對粵語乃至香港人身分認同的蠶食。亦有台灣學者指出，在這種對香港身分認同的意識下，更主要的是在中港互動日趨頻繁和普遍下，如何保持香港人獨特的身分認同和有別於中國內地之處（鄭祖邦，2019）。

當然，到底什麼是本土意識？本土意識在身分認同培育中又有何意義？近年來確實是人言人殊。在有人提倡香港人獨特的身分認同的同時，亦有論者對本土意識提出不一樣的看法。例如有論者針對本地的語文教育，指出「語文，作為工具，實不應標榜『本土』元素[…]該以如何培養學生的語文能力，而不是以『民粹』作

招徠」，而所謂在語文教育上加入本土元素，並不是只重視繁體字，而是要納入和香港本地群體文化和生活有關的素材（梁振威，2016）。

此外，有認同國民身分認同培育主導性的教育學者，亦認為本土意識和國民身分培育並不必然矛盾，「在推行國民身分教育時，不能只講認同國家和世界層次的內容，也需同時留意香港社會的本土特色；[…]在國家的憲法和香港的基本法中，香港的土地雖然是國家的一部分，但香港公民的權責在基本法中與內地憲法內公民權責是有些分別的。因此，在香港學校推行國民身分教育時，不能輕視讓學生理解本土特色的重要性。」在其看來，香港人的獨特身分認同，以及本土意識，不會也不該與國民身分培育相衝突。以上所述，均顯出，對於本土意識乃至香港人獨特身分認同在身分培育上的角色，確是呈現分殊的看法。

結語

香港人的身分認同從來不是非黑即白、「自古以來」的，而是外向型、複合型，且多元複雜的。這從本文所回顧對於身分認同培育的不同光譜和取向中，可見一斑。而這些圍繞身分認同培育，紛陳駁雜的觀點和討論，也足證香港教育乃至社會的自由和開放性格。到底在「新香港」下，這些觀點和討論會否繼續延續下去？還是會定於一尊呢？這對於往後香港的身分認同培育，又會有怎樣的影響？這無疑是值得我們細思的問題。

參考資料

《經濟日報》（2020.12.14）。〈研究指內地學習體驗可提升增加國民身分認同
與港人身分和諧共存〉。https://topick.hket.com/article/2828281/%E7%A0%94%E
7%A9%B6%E6%8C%87%E5%85%A7%E5%9C%B0%E5%AD%B8%E7%BF%92%E9%A
B%94%E9%A9%97%E5%8F%AF%E6%8F%90%E5%8D%87%E5%A2%9E%E5%8A%A0
%E5%9C%8B%E6%B0%91%E8%BA%AB%E4%BB%BD%E8%AA%8D%E5%90%8C%E3
%80%80%E8%88%87%E6%B8%AF%E4%BA%BA%E8%BA%AB%E4%BB%BD%E5%92%
8C%E8%AB%A7%E5%85%B1%E5%AD%98

Fung, Anthony (2010). What Makes the Local? A Brief Consideration of the Rejuvenation of Hong
Kong Identity. *Cultural Studies* 15 (3-4): 591-601.

Yew, Chiew-ping & Kin-ming Kwong (2014). Hong Kong Identity on the Rise. *Asian Survey* 54 (6):
1088-1112.

民間公民教育聯席（2013）。《民間公民教育指引（理念篇）：學校的公民使命
回歸及重構公民教育》。香港：香港基督徒學會。

宋恩榮和潘學智（2017.8.7）。〈香港人中國人身分　相輔相成〉。《明報》。https://
news.mingpao.com/pns/%e8%a7%80%e9%bb%9e/article/20170807/s00012/150204187021
7/%e5%ae%8b%e6%81%a9%e6%a6%ae-%e6%bd%98%e5%ad%b8%e6%99%ba-%e9%a6%99
%e6%b8%af%e4%ba%ba%e4%b8%ad%e5%9c%8b%e4%ba%ba%e8%ba%ab%e5%88%86-%e7
%9b%b8%e8%bc%94%e7%9b%b8%e6%88%90

胡少偉（2010）。〈香港國民身分教育的回顧與前瞻〉。《香港教師中心學報》。
第九期，頁34-46。

香港社會服務聯會（2008）。〈2008北京奧運：國情教育的契機〉。《社情》，第22
期，頁4-11。http://webcontent.hkcss.org.hk/cm/cc/scenario/download/22_focus.pdf

梁恩榮（2008）。〈香港公民教育老師對國民／民族教育的理解和教學法〉。《基
礎教育學報》，第17卷第2期，頁139-158。

梁振威（2016.4.18）。〈香港「中文課程『本土』元素」的迴思〉。《灼見名家》。https://www.master-insight.com/%E9%A6%99%E6%B8%AF%E3%80%8C%E4%B8%AD%E6%96%87%E8%AA%B2%E7%A8%8B%E3%80%8E%E6%9C%AC%E5%9C%9F%E3%80%8F%E5%85%83%E7%B4%A0%E3%80%8D%E7%9A%84%E9%81%90%E6%80%9D/

陳曦彤（2020.7.27）。〈國安法下公民教育　議題探究勝於單向灌輸〉。《明報》https://news.mingpao.com/ins/%E6%96%87%E6%91%98/article/20200727/s00022/1595500024604/%E5%9C%8B%E5%AE%89%E6%B3%95%E4%B8%8B%E5%85%AC%E6%B0%91%E6%95%99%E8%82%B2-%E8%AD%B0%E9%A1%8C%E6%8E%A2%E7%A9%B6%E5%8B%9D%E6%96%BC%E5%96%AE%E5%90%91%E7%81%8C%E8%BC%B8%EF%BC%88%E6%96%87-%E9%99%B3%E6%9B%A6%E5%BD%A4%EF%BC%89

馮可強（2017.1.20）。〈公民教育與國民身分認同〉。《灼見名家》。https://www.master-insight.com/%E5%85%AC%E6%B0%91%E6%95%99%E8%82%B2%E8%88%87%E5%9C%8B%E6%B0%91%E8%BA%AB%E4%BB%BD%E8%AA%8D%E5%90%8C/

葉國洪（2002）。〈殖民地社會中的民族意識：香港回歸前後的公民教育〉。《香港教師中心學報》，第一期，頁125-130。

鄭祖邦（2019）。〈在中國因素下香港本土意識的分歧與整合：2003至2016年〉。《台灣社會學》，第38期，頁115-161。

謝均才和馮菀菁（2018）。〈香港天主教小學教師對身分認同教學的理解與啟示〉。《香港教師中心學報》，第十七卷，頁159-169。

未來學習與生涯規劃

▌別浪費了HKDSE

梁賀琪

當香港似乎已經失去了過去所有優勢,幾多人都在想盡辦法在尋出路時,鮮有人知道其實有一個純本地製作項目,雖然地位舉世認可,卻被丟在一旁投閒置散。香港做不成中藥港、科技港,而且隨著東方好萊塢、購物者天堂、最強轉口貿易中心這些角色迅速褪色,香港中學文憑考試(Hong Kong Diploma of Secondary Education Examination,HKDSE)卻在國際有巨大發展潛力,如能有效向外推廣,香港便可以成為亞太區的考評中心。按部就班的推,成本低、值博率高,成功就是多方共贏;縱然不能一蹴而就,也不會有大損失。

第一屆DSE在2012年舉行,當年大概八萬考生,現在已降至四萬多。換言之無論軟體硬體其實一早已齊備,而且經過測試。假如DSE成功登上國際舞台,廣招非本地考生,場地及人手皆足以可以於短期內應付超過三萬人到港應考。

以自修生每人報四科必修加兩科選修科計算，應繳費用為$3646。三萬人就是過億收入，四科必修加兩科選修科改卷費大約六百元，出卷所聘用專家團隊所涉及的費用不變，當然還有其他會隨考生人數增加的變數（variables）如行政費、印刷、物流等支出；但肯定的是考評局可以因此而由虧轉盈的機會大大增加，而且絲毫不損其公正程度，反而可以增加DSE的國際名聲。香港學生將來拿著DSE的成績單在香港以外地方發展增加了不少方便。更加不必說因此帶來的學術交流機會。如果推廣成功，考生人數突破十萬，回復當年香港中學會考（Hong Kong Certificate of Education Examination，HKCEE）加香港高級程度會考（Hong Kong Advanced Level Examination，HKALE）的考生人數之後，當局才考慮效法普通教育文憑（General Certificate of Education，GCE）國際版，在海外設考點不遲。

非香港居民以自修生名義報考DSE要循非聯招（Non-Jupas）途徑，換言之就是考核與升學分家。海外考生可以考香港的考試，但目標並不一定往香港升大學，正如考英國普通教育文憑高級程度（GCE A-Level）的考生，可以往澳洲、新加坡、南非等地升學，只要維持本地及海外學生比例於合理水平，不存在香港學生被降低升讀本地大學機會的憂慮。

至於是否有需要因應非本地考生比例增加而調整題目內容？這個大可不必，DSE的首要任務就是為服務本地學生與大學，題目內容當然應該有適量的地方色彩，然而香港本身就是一個國際城市，

這個城市的特質正好透過DSE來推廣。

DSE與其他著名的國際考評工具相比，的確有不少優勝之處：

很多人以為香港中學文憑試（DSE）只為選拔學生入本地大學而設，其實並不正確。當年承認香港高級程度會考成績的大學全球只有90多間，但今日的DSE廣受280多間大學承認，而且不乏頂尖的學府。英國大學及院校招生事務處（Universities and Colleges Admissions Service，UCAS）已將香港中學文憑考試24個科目的成績納入其分數對照制度（UCAS Tariff）。分數對照制度主要用以處理學生申請入讀英國的大學；澳洲政府亦已承認香港中學文憑等同澳洲高中畢業證書（Australian Senior Secondary School Certificate），所以DSE也是接連海外升學的考評工具。

DSE各科目都設有中、英文版，而且香港考評局一向有嚴密機制確保每個環節都機密公平，形象廉潔。由於每年的考試設計及考試結果的等級劃分都根據標準參照報告（Standards-referenced Reporting，SRR）原則擬定，水平相當穩定。換言之考生在2012年英文科5級或以上，與2020年英文科5級或以上的學生，應該有一樣的學業水平，所以成績可以終生有效。其他國際公開考試很多設有時限，例如雅思成績有效期只為兩年。

普通教育高級程度（GCE A-Level）原本也只是英國大學的本地入學考試；但發展至今已經全球通行。近年為了拓展海外市場，還設有國際版IGCSE（International General Certificate of Secondary Education，國際中學教育普通證書）及IAL（International Advanced

Levels，國際進階程度普通教育證書）。

考試除了是選拔人才、衡量學習成果的有效工具之外，還可以是一門跨國大生意。愛德思（Edexcel）就是好例子，成立於1996年，自2005年起由培生集團（Pearson）全資擁有。培生近年積極把教育業務出售，但緊緊抓著愛德思不放，原因何在？就是因為他們手上有甚多公開考試。

然而近年英國考試屢屢傳出負面消息，例如A-level的數學試題巧合地與教科書的題目圖表及答案一樣；又有人在Twitter以70英磅預先出售數學科試題。進入21世紀，全球要求教育及考試改革的聲音此起彼落，尤其英聯邦國家廣泛使用的普通教育文憑以及兩年預科三年大學的制度，但幾次三番折騰之後，直到今日為止也沒有全盤落實，一小撮一小撮的小修小補反而令部分大學無所適從，最難搞的莫過於成績通膨（grade inflation）。取得最高等級的學生比例每年遞增。科目等閒有10%以上的考生可以奪A，有些科目甚至有四分之一考生可以奪A，難以仔細分辨考生優劣。

至於國際文憑大學預科課程（International Baccalaureate Diploma Program）因為較為貼近大學的學習模式，所以近年頗受家長追捧；然而這個以project-based learning為主的考評模式亦並非人人適合，而且費用高昂，也沒有像DSE可規模化推廣的特質。

DSE應該抓緊全球國際化的機遇，讓多些境外的家長及學生認識它的功能及特色，在選擇升大學的評核工具時也一併把DSE列入考慮範圍。

考評局連年虧損，如果能掌握好機遇，把DSE推上國際舞台，絕對可以與其他考評機構爭一日之長短。此舉不單可以令考評局轉虧為盈，最重要的是香港考生也能受惠，因為愈多人考的考試地位愈高，道理簡單易明。另外，DSE收費便宜，縱使要求海外考生交雙倍費用，也依然具競爭力。

　　既然認受性、公正性、實用程度、性價比都不遜色，萬事俱備，所欠者只是推廣而已。

社創教育（一）：
社企如何做到雙贏的局面？

紀治興

　　近年社會企業乃至社創教育興起，正呼應現今乃至未來教育重視教育與青少年生涯規劃的連結的趨勢。那麼，社會企業乃至社創教育如何有助青少年的生涯規劃？本文將從何謂社企，以及社企的特點開始談起。

社企的特點

　　社會企業（社企）有三個特點，是與一般商企不一樣的。就是業界中人也可能沒有注意。

- 組織採用「商」「社」混合的模式，關鍵是取二者之長，避二者之短。當中造福社會是目標，商業管理是方法，互補長短產生協同效應。
- 採取與資本主義不一樣的價值觀。現代模式的社企是起源於

1991年義大利立法開始，然後擴散至歐洲大陸及英國，所以
社企的思想體系帶有歐洲社會主義的思路。

● 尋求看似兩難的「社會」與「企業」雙贏的結果。

以下先介紹社企推動雙贏的成績，再介紹社企意識形態的發
展，最後討論社創在未來的發展。

環社管（ESG）創造共享價值 ─────

在2005年，尤努斯因為成立農民銀行，推動微型貸款而獲得諾
貝爾獎，證明「社會」與「企業」可以雙贏。同年，聯合國提出環
社管〔ESG，指環保、社會投資、及管治（Environment, Social, and
Governance廠〕的概念。2011年，波特（Michael Porter）稱這種雙贏
為創造共享價值。環社管即做對社會有益的事，但同時企業本身亦
會獲利。

自2009年開始，麥肯錫顧問公司定期調查大企業對環社管的
態度，及量化環社管能為企業創造的價值。在2019年的環球調查
（Delevingne et al., 2020）顯示，大企業對環保和社會投資的態度大幅
改善。例如認同環保能創造股東利益的，由2009年的32%，十年內升
了24%變成2019年的56%；認同社會投資能創造股東利益的，由2009
年的41%，十年內升了26%變成2019年的67%；而認同企業管治能創
造股東利益的，在2009年已是66%的高位，2019年的認同率就升至
73%。這個現象可以理解為環保及社會投資仍有不少的發展空間。

根據2019年麥肯錫的調查及研究，83%的企業高管及投資專家期望企業在五年內，環社管的工作能夠為投資者在五方面創造更多價值（Henisz et al., 2019）。3%企業高管不認同環社管的功能，餘下的14%是不肯定。當中所提到創造的價值如下：

- 增加企業的收入，包括開發新產品和新的綠色市場。麥肯錫又發現若果是環保的產品，七成以上顧客願意多付5%。

- 減低成本。研究顯示減省能源、水、碳排放及其他廢料等，可以影響60%的營運利潤。

- 減少監管和法律干預。在不同行業，公司的盈利因政府干預所受的影響會不同，由藥物保健業的25%-30%到銀行業的50%-60%不等。

- 員工生產力的提升。生產力與員工的工作滿意度有關，而員工的工作滿意度與環社管工作的社會效益有關，員工生產力的提升可導致股價每年升2.3%-3.8%。

- 環社管的成功經驗亦可幫助企業的對外投資。

社企與商企不一樣的價值觀

上述環社管的理念成為了日後社企經營的重要價值觀，亦顯出社企與一般中小型商企在技巧及信念上都有不同的地方。在技巧上，社企以創新方案解決社會問題、會量度社會效益和計算社會投資回報率、會以說故事的形式去吸引支持者，包括媒體。在信念上，社企在營運方面則提倡另類價值。一般資本主義商企追求利

潤最大化，但社企在能夠自負盈虧的條件下，是追求社會效益最大化。另外，社企會向來自弱勢社群的員工充權，讓他們可以發揮個人的潛能，活得有尊嚴。這種運作與商企要員工盡力幫公司賺錢不一樣。最後，社企在銷售產品或服務時，會以社創故事介紹其社會使命，向顧客解釋透過採購所產生的社會價值，也是一種對社會的貢獻。所以社企在對投資者、員工和顧客三方面的價值觀都與資本主義不一樣。

根據麥肯錫顧問公司2020年的一篇報導，在蓋洛普的週年調查中，超過三分一受訪者表示對大企業缺乏信心（Goedhart, & Koller, 2020）。而政客及媒體的評論員都在推動對大企業更多規管，及對企業管治作根本性的改革，個別人士更提出資本主義正在毀滅地球。

在2019年，美國商企圓桌會議發表他們的「企業宗旨的宣言」。數十位商業領袖——包括麥肯錫顧問公司——承諾，會為所有持份者創造價值，包括顧客、員工、供應商、所在社區及股東，目的是為國家、社區及公司在未來能夠成功，這些宗旨與社企的信念不謀而合。

社創的未來發展

因為社創基金的靈活性，香港的社創項目展現出多樣性，申請項目的規模亦可大可小，所以成績可觀。而未來應該發展協創機構的數目及品質，若果有更多協創機構，便可以發展專業的協創機構，集中處理特定的社會問題，累積相關的經驗、知識及網絡等。

優質的協創機構應該有自己的研發部門，或提供研發服務的外判商，又或與大學合作，藉行動研究或應用研究開發更多最佳實踐。至於這些社創實踐對參與創業的人有什麼影響？筆者將會另文分享。

參考資料

Delevingne, Lindsay; Grundler, Anna.; Kane, Sean; & Koller, Tim. (2020)., 'The ESG premium: New perspectives on value and performance.', *McKinsey & Company*, Feb 12, 2020.

Goedhart, Marc; & Koller, Tim. (2020). The value of value creation, *McKinsey Quarterly*, March, 2020.

Henisz, Witold; Koller, Tim; Nuttall, Robin. (2019). Five ways that ESG creates value', *McKinsey Quarterly*, Nov 2019.

社創教育（二）：
社創經歷提升幸福

紀治興

施比受更為有福 ——————————————————

　　前文已就社企的特點，以及社企有別於一般企業的價值觀作介紹。這對參與社創的人有何影響呢？為何社會創業家又會被視為是最幸福的一群人？在2018年，豐盛社企學會訪問了23個社會創業家，他們的社企都營運了兩年以上，最長的甚至已三十多年。當中四分之一仍然在虧蝕，但他們都散發一種「無悔當初創業」及「雖然虧蝕仍然堅持」的成就感，並慶幸能夠扶助一些有需要的弱勢社群。現時他們的事業到達的境況，多是遠遠超越當初所想像的（Robert Browning's "A man's reach should exceed his grasp"）。在2019年，豐盛社企學會做了個社會創業家的幸福感問卷調查，以作為一個先是質性訪問然後是量性調查的探索式混合研究。當時香港有650間社企，有110份回應。在0至10分中，這些社會創業家的平均

幸福感是7.9分。作為參考，在2018年156個國家中幸福感排名第一的國家是7.7分的芬蘭，最低分的是2.9分的蒲隆地，第75位是5.5分的巴基斯坦，香港以5.4分排在第76位，在排名榜中間位置。

內在價值及外在價值 ─────────────────

社會創業家的幸福感受什麼因素影響呢？幸福感主要是受成長、自主、自尊、良好關係及社會轉化等內在價值的影響。而外在價值主要是指財富、形象及社會認同等，對幸福感並無多大影響。所以雖然香港在人均GDP排名上，經常入選全球頭十名，但幸福感卻在巴基斯坦、土耳其、菲律賓等之下。香港人是精於賺錢，拙於謀幸福，有錢而不快樂。

而內在價值的定義是「與人類自然發展和成長趨向一致的慾望」。以人格理論模型而聞名的心理學家安雅格（Andras Angyal）指出人類的天性基本上是在努力擴大他的自主權。這種努力增加自主權的趨向外顯成為自發性，自我自信，爭取自由和精通。努力成為自己世界的中心，試圖組織自己世界的人、物、和事件，以使世界處於他的影響圈之內。人類的第二種基本趨向，是努力投入群體中以尋求自己的歸屬，並成為他認為比自己更大的群體的有機組成部分作出貢獻，這個更大的群體可能是家庭，氏族，社會，國家。這個選擇可以是基於意識形態、或一種意義、或某個原因：例如大樹好遮蔭、或避免覆巢之下無完卵。

幸福感提升的原因

在可選多項的情況下，100%受訪者選擇「持續成長及學習的機會」是幸福感提升的原因，87%選擇「克服挑戰而獲得的樂趣」，80%選擇「獲得他人的認同」，67%選擇「見證弱勢社群的轉化」，67%選擇「找到人生目標」，47%選擇「成功解決社會問題」，7%選擇「金錢回報」。這些社會創業家多是中產，但對比一般中產活得滿足，生活幸福。

持續成長及學習的機會、克服挑戰而獲得的樂趣、及成功解決社會問題等，屬於成長類的內在價值，這也就是安雅格所指的第一種趨向，爭取自主及精通。見證弱勢社群的轉化，是屬於轉化社會的內在價值，這是安雅格的第二種趨向，對比自己更大的群體作出貢獻。找到人生目標是屬於自主類的內在價值，而獲得他人的認同和金錢回報則屬於外在價值。

以下是闡釋持續成長及學習的機會、見證弱勢社群的轉化、及獲得他人認同的意義，以及其對社會創業家的影響。

持續成長及學習的機會

持續成長及學習是爭取精通，管控自己的世界及命運。初次創業的缺乏經驗，有很多地方不懂，需要上網查找，若沒答案就問朋友，或朋友的朋友。這種在壓力及缺乏相關知識的情況下自學的方式，反而會刺激起智力，創造出對自己有用的知識。這種自己解決

問題的學習方式，比起修讀工商管理碩士課程，學得更快、更多、更實用，這種在極少資源下絞盡腦汁解決難題的智力極限挑戰，令人高速成長。而已有創業經驗，但計劃擴大規模的，就要分辨出業務的核心競爭能力，然後構想更具競爭力的商業模型，在現階段集中資源處理當前最重要的工作，及整理出有發展階段的視野。這裡講求高水平的分析、解難與應變能力，這些挑戰都塑造創業型領袖。

見證弱勢社群的轉化

轉化弱勢社群是讓自己賴以安身立命的社會作出貢獻。當自己所歸屬的群體興盛及安全，自己才會有興盛及安全的機會。所以轉化社會是一種內在價值。社會企業的使命就是造福社會，造福的方式最少有四種，包括：

1. 創造就業機會給弱勢社群，除了給工資外，主要建立工作能力，甚至在公開就業市場有競爭力。

2. 提供比市價便宜得多的產品或服務給弱勢社群，減輕他們的經濟壓力。

3. 透過大眾媒體及社交媒體分享不同的社創故事，例如創辦者、受惠群體、社會創新、社會效益的故事等。這些好人好事的故事，鼓勵市民支持社創，屬於公眾教育，目標是塑造關愛文化，而受惠的是整個社會。

4. 因為社企無私的扶貧使命，感動不少有心的市民成為社企的支持者，包括消費者、捐獻者、義工等。這是建立社會凝

聚力。

他人認同

　　社會創業家除了被朋友認同外，亦會被院校及一些大型峰會邀請作為嘉賓講員，分享自己的故事和心得。另外，大眾媒體會訪問他們，社交媒體又會轉發，所以在社會上會有知名度。最後，政府會邀請一些成功的社會創業家加入不同諮詢委員會，提供他們的專業意見，讓政策制定者作為參考。哈佛商學院稱這種橫跨商業、社福及公共三個界別的人為跨界別領袖。他們遊走於三界之間，掌握三界的運作方式及機構文化。他們在三個界別都有人脈，亦有跨界別的整合能力。

總結

　　聖經有句名言是：「施比受更為有福。」意思是扶貧助弱的人，會好心有好報。社會創業家的初心就是扶貧助弱，做社企發達的極少，但他們活得幸福。精明的香港人應該既精於賺錢，亦要精於為自己謀幸福。那麼，如何才能成為社會創業家呢？下文將會與各位一起分享。

參考資料

2018 Happiness Report. https://s3.amazonaws.com/happiness-report/2018/WHR_web.pdf

社創教育（三）：
技巧為本的社創教育

紀治興

　　前兩篇文章已討論了社企的特點、其獨有的價值觀及對社會創業家幸福感的影響。而面對香港的社會環境，社創又扮演怎樣的角色呢？香港的扶貧政策主要是綜援〔編按：綜合社會保障援助（Comprehensive Social Security Assistance，CSSA），簡稱綜援〕、再培訓、社會企業（社企）及最低工資等，在這個組合中，社企的角色是創造職位，因為只要有工作，願意自力更生的人就不用再領取綜援和再培訓。在過去一年香港多了十萬人失業，若這十萬人都要領取綜援，而一人綜援金額是每年約四萬元，即是每年要增加四十億元支出。未來數年，社企數目應該大幅增長以創造更多工作給弱勢社群和普通失業人士。後者可能原是中產，因失業但又找不到原來自己所擅長的職業，故此借助政府的創業基金，運用自己的才幹，成為社會創業家，既可幫助有需要的家庭，達成扶貧的效果，

自己又能夠謀生，甚至成為被社會認可、對社會有貢獻的公民。

　　對社企發展不斷增長的要求，自然也令社創教育的需求大增。而現時在香港大部分大學及大專院校都有開辦社創課程，以香港大學專業進修學院的社會企業管理課程為例，從2012年至2019年共開辦了11班，合共209個畢業生，當中36位同學創辦了31間社企，另外5位同學入職管理10間社企，即約五分之一學生畢業後從事社會創業。由以上兩個現象可見，社創以及社創教育能夠減低失業率。

　　那麼，對於初踏入社創的學員來說，應該在社創教育中學習什麼？首先提出社會創業家這個名詞的是英國社會學家J. A. Banks，他指出社會創業家是運用管理技能去造福社會，並認為社企需要的主要是商業管理技巧，而非社工的技巧，因為初創社企需要解決兩個問題：首先是推算何時達到收支平衡、其次是創造及計算社會投資回報。這也是社創教育應幫助社創初學者去學會和掌握的技巧。

　　推算收支平衡需要以下7種技巧：

1. 為要解決的社會問題建立一個社企財務模型：這是個初始假設（Initial Hypothesis，是麥肯錫顧問常用的方法），模型內的數據都只是基於經驗的揣測、要透過以下四項市場研究去理解市場，及修正舊有的財務模型，令它更貼近市場的現況，避免閉門造車。

2. 瞭解競爭對手：調查20-30間做類似業務的競爭對手，包括它們的網站、產品種類、定價及服務等，從而瞭解整個行業及區域的競爭狀況。

3. 神祕客人：挑選幾間在產品及定價都相近的對手，在對方應該比較空閒的時間，以神祕客人的身分去故作採購，詢問產品及價格，過程中亦探問其業務情況及客源等；對方講多講少就要靠運氣，但試探幾間企業，總會有多口的員工。

4. 消費者調查：若果打算創辦的生意是街鋪或商場鋪，例如食肆、補習社、美容店等，可以做問卷調查，而問卷的第一條問題，應該是問受訪者是新客抑或是熟客。若果是新客，應問為什麼會選擇這間店，瞭解客源是從何而來；若果是熟客，就要問對服務、產品、價格等的滿意度，然後問過去一年大概光顧了多少次，以及有無推薦及朋友，若有，是幾多個。這些資料能令自己在預計初期的新客及累積熟客的數目上有個概念。

5. 專家訪談：訪問兩三個從事類似業務的老行尊，他們的意見可以避免自己走上冤枉路，他們也可能會介紹熟悉該行業的朋友給你認識。

6. 設計產品或服務：在做瞭解競爭對手、神祕客人、專家訪談等市場研究的過程中，應該對客人想要的產品及服務有基本概念，期後就可以用設計思維的方法去落實產品。最後，應以一句口號去表達產品的賣點。

7. 預測收支平衡的時間：在收集了關於競爭對手的及消費者的資訊和幾位行業老手的意見後，先為主打的產品定價，然後計算每個月的開支，再計算每月需要多少個顧客便可以收支

平衡。初創社企多是小型企業，產品單薄，較容易計算。而顧客分為新客及熟客，新客數目靠推廣；熟客數目靠服務。熟客所占總客戶人數的百分比，是業務穩定性的指標。

創造及計算社會投資回報所需技巧如下：

1. 設計充權機制：以就業融合社會企業為例，充權機制包括提供工作給弱勢社群，讓他們獲得薪金（Cash），教導他們如何工作（Capability），讓他們結識同事和客人累積社會支援網絡（Connection），漸漸在這種以人為本的工作環境中建立自信（Confidence），當中有些員工會因此找到更好的工作，從此脫貧。

2. 計算社會投資回報：公式是條分數，分母是投資額，分子是社會效益，包括發放給來自弱勢社群的員工薪金；給來自弱勢社群的客戶購買產品或服務的折扣，令他們可節省開支；媒體報道社企故事是一種宣揚好人好事的公眾教育，計算其價值的方法，就是以同樣方式和篇幅報道的廣告費是多少，這相等於廣告價錢；義工的無私幫忙代表社會共融，根據其義工時數和個別義工本身的時薪所計算出來的價值等。香港社企的社會投資回報平均是1元變4元5角。

3. 以說故事的形式去吸引支持者：包括客人、企業社會責任的負責人、慈善基金會、投資者、義工、及記者。故事可分為創新故事、效益故事、創辦人故事，及受惠者故事等。這些故事亦可成為社創教育的個案研究，將知識流傳給後人。

基於上述技巧，社創教育應作為以技巧為主的教育，幫助初進入社創領域的人士，學習和掌握有關技巧，助人自助，既為自己收穫利益和幸福，也通過營商貢獻社會。

下篇

幼兒及兒童教育

我們正面對怎樣的兒童教育？

教育現場觀察：
幼稚園教育的變化與前瞻

　　教育局於2017年發布了〈幼稚園課程指引〉，同年亦開始推行優質幼稚園教育政策，取代已實行多年的學券計畫，標誌著香港幼稚園教育進入一個新的階段。與此同時，幼稚園教育近年亦面對不同的轉變和挑戰。本文正基於以上種種發展，與各位讀者分享對未來幼稚園教育的一些看法，一起前瞻和思考未來幼稚園教育的路向。

從教育現場觀察近年幼稚園教育的幾點發展 ─────────

　　近年幼稚園教育在課程重點和教學方式等方面均有所變化。以筆者多年在幼稚園工作的經驗和觀察，有以下幾點值得注意的發展：

1. 課程取向以品德情意為重

　　新的課程指引為香港幼稚園教育提供了一個框架。在此框架下，幼稚園教育強調以品德情意為重，重視照顧幼兒的情緒和多方面的發展。這符合促進幼兒全人發展的課程宗旨，也增加了對幼兒的情緒輔導和支援，特別是對K3學生迎接升小的輔導；另一方面，現行課程框架也盡量減低一些坊間認為幼兒應盡早具備的能力的培訓，例如寫字。教育局很嚴格要求K1一定不可以有寫字的練習；就算K2至K3開始能有寫字練習，也不應學習太艱深的字。不過這也引起不少人對幼兒能力能否銜接升小要求的擔憂。

2. 遊戲教學漸成為主要教學方式

　　現時的幼稚園課程包含很多元素，而以各類遊戲為主，遊戲學習以至區角學習成為現在幼稚園教育的主要取向。這一方面配合幼兒常以遊戲來接觸和學習生活中不同事物的特點，同時也考驗教師對不同幼兒處境的掌握，以及課程剪裁的功夫；如何按照幼兒的性格和狀況，選取和應用不同遊戲，發掘幼兒的興趣，促進他們主動探索，成為一大挑戰。

3. 家長觀念的變與不變

　　比起以往，現在的家長已開始接受孩子在幼稚園不必須要學習寫字，也開始認為入讀所謂好的幼稚園並不是升讀好小學的必須條

件。這顯示幼稚園家長的觀念開始有所轉變。然而，家長不再著緊孩子學習寫字，卻變得更著緊他們要具備其他知識。因此，現在的幼兒除了上幼稚園外，也被安排參與不同的補習或興趣班。這反映不少家長仍抱持著「贏在起跑線」的觀念，其他孩子有的，自己的孩子也要擁有。

筆者認為上述發展無疑切合現今幼兒的成長需要，但也對學校和教師如何處理課程帶來不少挑戰。而家長「贏在起跑線」上的觀念未有因課程和教學方式的變化而轉變，更是危險的現象，與現在強調讓幼兒遊戲的理念背道而馳。

未來幼兒成長應具備的素質：「愛在起跑線」比「贏在起跑線」更重要

在以上發展下，未來的幼稚園教育應怎樣走？雖然有現行的課程指引，但並不代表我們能有一套劃一的中央課程，能套在不同幼稚園中。幼稚園課程規劃的重心，應在於思考所教的東西和方式如何能真正幫助幼兒成長。那麼，幼兒成長要具備什麼素質？筆者認為，未來的幼稚園教育應培養幼兒具備以下兩項素質：

1. 擴闊眼界和探索的興趣

遊戲學習的趨勢正顯出讓幼兒自行探索的重要性。更重要的是，要擴闊幼兒的眼界，引導他們從中主動表達自己的想法。未來幼稚園教育正需要能幫助幼兒達至這一素質的學習經歷。

事實上，不少幼稚園早已在推動不同範疇的經驗，藉此擴闊幼兒的眼界，促進他們自主學習。以筆者學校的經驗為例，學校長年推動環保、音樂等不同範疇的教育，但並不是刻意安排有關這些範疇的課題在課堂上教授，而是將有關元素融入教學的不同環節和部分，讓幼兒有自行感受和覺察的體驗。例如在環保方面，我們曾帶領幼兒參觀大埔工業邨工廠的煙囪，讓他觀察煙囪排出的廢氣，從而覺察工廠對四周空氣的影響；而在音樂方面，我們也曾帶領幼兒參觀海濱公園，讓他們嘗試聆聽和辨別當中風、樹和海浪等發出的不同聲音，幫助他們認知生活環境中的各種聲音。雖然各類學習活動仍是根據現行課程指引中的六大範疇來推行，但均以觸發幼兒的興趣為重。他們自己有興趣，才會有動力去學習，去探索。

2. 正向價值

現行課程指引強調以培養幼兒品格情意為主要目標，但到底幼兒可以達至什麼程度？筆者認為，因應幼兒的成長階段，他們能夠做到以下幾點便足夠了：1.對別人有禮貌；2.有承擔感；3.懂得感恩；4.關愛；5.欣賞。

以上所提及的，正是現今不少人均談論的「正向價值」。而要培養幼兒真正具備這些正向價值，更需要他們通過自主探索和學習，從中引發和表達自己對所學事物的感受。例如幼兒能通過繪畫製造廚具的工匠，表達自己感謝工匠製造廚具，讓父母能燒飯給自己，這正體現出「感恩」的價值觀。

由此正向價值教育的重點應是盡量讓幼兒在各種體驗中嘗試，發掘和表達自己的潛能與感受。正向教育甚至不一定要看重成效，有時幼兒在活動中未能成功做到老師所要求的事，但他在過程中感到很開心，也能接受自己的弱項的話，這已是一個好的學習經歷。比起「贏在起跑線」，這種「愛在起跑線」的心態，對孩子的成長更加重要。

展望未來幼稚園教育的挑戰　更需要前瞻性和警覺性 ————

因應上述幼稚園教育近年的發展趨向和應培養的素質，未來幼稚園教育會面對什麼挑戰？又應如何應對？筆者認為幼稚園教育要面對兩個主要的挑戰。

第一是師資方面。不少年輕教師都很有衝勁和創意，但或許是因為實習時間不多，而且現在的師訓也較重視學識，因此現今很多教師較缺乏課堂管理的實務能力，特別是面對和應付臨場突發情況，以及危機處理的能力往往不足。所以筆者希望未來幼稚園教師的培訓能夠有所改善，尤其是在課堂管理、實際與學生相處、應對學生不同狀況等實務能力的訓練方面。以筆者學校的經驗，如果初入職的教師能有年資較深的教師輔助處理各類實務，例如每一班都由初入職教師和資深教師擔任班主任，能達至以老帶新的效果，對年輕教師的培訓和成長至關重要。

其次是評估方面。現時的評估主要都是參考外國現有的方法和工具，並未發展出真正適用於香港幼稚園處境的評估方法和工具。

就算現在已有一些設計好的評估方法和工具，教師在進行評估時，會認真看待和填寫評估表嗎？懂得如何填寫，以確切顯示對課堂成效和學生表現的觀察和評核嗎？這也是重要的問題。筆者認為，好的評估，其設計和評核方法應該要切合幼兒具體的學習情境和狀況，直接針對課堂的成效，從而達到促進幼兒成長之目的。當中教師進行評估的實務能力，對達至有效的評估非常重要。故此未來幼稚園教育固然要發展適合本地處境的評估方法和工具，同時更應給予老師適切的培訓，幫助他們熟習和應用各種評估方法和工具。

展望未來幼稚園教育的發展，我們固然要因應不同學校的校本處境，作出針對性的課程規劃和教學方式；但沒有統一的中央課程，並不代表幼稚園教育沒有共同的目標。現時課程指引的框架，正提供了一個我們應共同努力達至的目標。因應這一目標，每一間幼稚園，甚至每一個幼稚園教育工作者更應該將眼光放遠一些，對教學更有前瞻性，思考要怎樣做，才能達至課程指引重視幼兒全人發展的目標；同時也要有警覺性，對幼兒的情況和需要有更敏銳的觸覺。

我們要具有這分前瞻性和警覺性，才能應對上述幼稚園教育的挑戰，為幼稚園教育乃至幼兒發展本身開拓未來的道路。

▌科學探究與價值探問

李美嫦

　　隨著本港學界近年積極推行STEM教育，引領更多老師從不同的向度推展相關教學內容，老師有些會從科學探究的課題切入到跨科的學習，包括數學、科技應用、設計及創作等，有些則直接由STEM主題切入，但都離不開科學探究的過程，於是科學探究的教學策略再引來熱議。

　　筆者也曾參與2017年小學常識科課程指引的修訂工作，指引中提到「教師可就日常生活事物或新奇現象提出具挑戰性的問題，引發學生對科學的學習興趣與好奇心，並讓他們透過手腦並用的科學探究活動（例如：五感探索、公平測試）解釋現象和尋求解決問題的辦法，從中培養他們的堅毅精神，以誠信面對挑戰與解決疑難」，指引中並且詳列學生進行探究的過程。其實這種教學策略在小學常識科的科學範疇以至中學的科學教育已推行多時，但正因如此，老師久而久之在推行時對焦出現差異，以致墮入一些誤區，影

響教學成效及長遠的教學目標。筆者就觀察所得，這些誤區可指以下幾方面：

1. 過分強調學生的興趣、
2. 盲目開展探究活動、
3. 過分注重探究過程、結果、
4. 側重知識和能力的培養、
5. 忽略在探究過程中的價值探問、
6. 忽略了情意教育的連結。

特別是在學習過程中的價值探問及情意結連，都可能因應課時緊絀又或考核重點不同等考量下而被忽略了。科學探究真的是冷冰冰的嗎？真的不能同時以知情意行和價值觀來建構其意義嗎？

綜觀現今科學發達的國家，大眾對科學研究成果的信任度愈發減少，就以歐美國家為例，在眾多調查文件中都得出相類似的結果，就是普羅大眾在科學研究的領域上興起一股對科學的懷疑風潮，總結原因大概是基於政治理念、宗教熱衷、道德價值觀以及對科學的認知，近年明顯的例子是氣候變化、5G科技、疫症病毒及疫苗研發等。

筆者特別想聚焦道德價值觀如何影響人們對科學的信任，這就涉及人們懷疑科學家在研究動機及個人利益方面的考量，尤其在普世價值漸趨分崩瓦解的時代裡，科學家是否能在科研探究中不時探問價值觀的重要性，以及多參與和公眾的價值對話，彼此瞭解如何能在同一個角度建構人類福祉。

回到科學探究的教育上，特別於小學階段裡，刺激學生對科研的好奇心及熱忱固然重要，但更重要的是在探究的過程中，在每一個研發和改良中，更可反覆讓學生多做一些價值觀的思考，多訓練學生勇於表達對建構人類福祉的信念，健全學生的科學素養。

　　我們經常向學生提及科學家的堅毅、不畏艱苦的精神，但今日人們更期望科學家具備道德勇氣，以普世價值擁抱一切科研的熱忱，讓大家把價值探問視為科學探究的過程，讓新生代相信科學在普世價值的加持中更能使世界變得美好。這不就是我們推行科學探究或STEM教育的長遠目標嗎？

踏上校長之路

最近和參加教育大學「心意相通計畫」的同學分享如何踏上校長的路。

其實當初投身教育界只是誤打誤撞,中五畢業時寄出40封求職信,只有兩封有回覆,一封是保良局幼稚園請幼師,一封是私立柏雨女子中學請初中老師,結果只有中學聘請我,負責教初中英文和世界歷史。

中五程度的我入世未深,學識粗淺,擔任初中老師實在能力有限,極其需要進修學習。翌年我考入羅富國教育學院三年制課程,首兩年並不投入,只非常享受沙宣道宿舍的生活,但第三年遇到個人導師(Personal Tutor)陳培佳博士,同學背後戲稱「口水佬」,他常常分享教育理念文章,啟發我開始深入思考教師這工作的意義,也記得當時教社會科(Social Studies)那位教學非常嚴謹十分有氣魄的舍監Warden Ng提醒我們不是人人可以成為一位有霸氣如他

的老師，大家要自己找出自己的教學風格，他的話也引領我思考自己想成為一位怎樣的老師。

畢業後獲一小學聘請教上午校中文、英文、聖經及體育。最初擔任小一班主任，發現原來管理課堂秩序那麼難，當年的學生約我重聚時常戲說當年的洪先生在課堂中給小豆丁氣得哭了。

後來也常做五、六年級班主任，我發現無論如何努力，自己的課堂管理能力和學生的成績都不及鄰旁有豐富教學經驗的郭麗星老師那一班高，深深感受到教學經驗多麼重要，自己的教學及管理課堂能力實在稚嫩，時間管理、組織力、決斷力完全就是個人成熟度和性格的反映，惟有天天留校備課及批改習作至黃昏，放學後也常去進修各課程以增進自己知識以改善教學。其中最樂在其中的是一星期上四晚的城市理工公共管理（Public Administration）高級文憑課程，在課程中學到如何做行動研究，認識到管理公共機構的理論，印象最深刻是兩位正攻讀大律師課程的兼職講師經常和我們討論公共管理哲學至深夜十一時，同學老師都捨不得離去。當時有一同學也是小學老師，年紀輕輕已是學校的主任，其他同學常常問我為何不申請由一個文憑老師（CM）晉升為負責多一些行政工作的主任級（AM）老師，總回說沒有興趣，其實只因眼光短淺，膽量不足，認為行政工作牽涉的人事太複雜，自己不會應付得來，但課程內容已開始促使我時常思考管理一所學校的理念。

教書七年後我才終於找到自己的教學風格，教學和課室管理能力開始得心應手，常常得到家長讚賞，也得學生愛戴，這時候

受一位曾前赴英國留學後來去了澳門東亞大學教學的同事黃素珍影響，我也決定放下教學工作前往英國倫敦大學攻讀教育學士學位課程，修讀英文教與學（Teaching and Learning English）、教育管理（Education Management）及小學課程（Curriculum Studies of Primary School），大學課程實用又具啟發性，令我大開眼界，期間看了許多論述教育管理和改革的作者如麥克爾・富倫（Michael Fullan）的書籍，亦開始下定回香港後申請升遷準備參與學校行政工作的決心。

回港後轉去另一小學任教，也是教中文、英文、聖經及體育，後來更任教普通話，也慢慢成功申請為助理學位老師（APSM）及後來的學位老師（PSM），除了教學也開始擔任行政工作，被校長指派為英文科主席發展英文科，同時也負責聯繫中小學交流、統籌家教會活動，協助訓輔工作、出版校訊及推動環保等工作，這時候不單自己教學要做得好，也要推動組員合作，就在許許多多跌跌撞撞中我急速成長了，在失敗及成功經驗中認識自己及明白許多人事，也有其中一年爭取借調到教育局英文組學習如何推動小學英文課程，加深自己對課程發展的認識，那時候教育局開始推動校長認證，我決定報讀校長擬任課程考取校長資歷，也天天思考如何促進學校效能，努力在學識和眼界上裝備自己將來成為校長。

可幸後來有機會受聘於另一小學擔任副校長，可以參與更多學校管理工作，也有機會到中文大學進修學校改善及領導文學碩士課程（The Master of Arts Programme in School Improvement and Leadership），跟隨汪雅量教授（Professor Alan Walker）等名師學習，結合教學經驗

和管理理論，課程實際充實，自己吸收得更多更快，獲益匪淺。

　　之後也參加中文大學擬任校長課程前的性格分析（Needs Analysis），分析結果竟說我不合適做校長，因為報告看出我抗拒改革，害怕改變，其實這正是真我，但幸運地最終順利完成校長認證，後來更受聘沙田崇真學校做校長。

　　為帶引學校，原本天生柔弱，害怕改變，怕人事怕衝突，寧願做追隨者的我，每一天都要帶領同工完善教學及推動學校發展，能夠做到這樣是因為結合了多年裝備的教育理論及累積的豐富教學與行政管理經驗。我引領學校進行種種課程及行政改革，得家長讚賞學校充滿生氣，收生數字短時期內就變得非常理想，學校口碑好，受坊眾歡迎。學生及家長喜歡學校，同學也有禮好學，家校老師校長關係和諧，我自己也因為校長的工作而急速成長，被陶造為不怕變革，積極面對人事，充滿教育理想的人。

　　雖然無心插柳地走進教育界，但這是我最感滿足可謂樹木成蔭的工作，是一種能改變人心又促使自己不斷進步的工作，我自己因這校長位置而大大進步了。

　　當初立願學生、家長老師因我這校長會更得幸福。我相信道德領導及啟發潛能教育（Invitational Education，IE），雖沒有參加IE計畫，但學校透過5P的概念，即人物（People）、地方（Places）、政策（Policies）、課程（Programs）及過程（Processes）的配合，全面及提升教育品質，積極強化學生的自尊和自信，讓學生們品學並進，我努力記著每一個學生的名字，幫助同學找出自己亮點，發揮

無盡潛能，發光發熱。

我尊重信任教職員，愛護學生，歡迎家長和我們同工，同心協力教育小孩。學校受坊眾歡迎，得家長口碑愛戴，致力成為重視教學和用心啟發學生的學校，著意培養同學信心和興趣，希望同學從小喜歡閱讀和運動，成為能自學，懂管理時間，肯動腦筋，體魄好，心理素質高，富團隊精神，不怕失敗，勇於接受挑戰又快樂自信的人，我們運用有趣具挑戰性的教學活動培養同學兩文三語溝通能力，希望同學成為大方主動，善於觀察和溝通，樂意接觸多元文化，歡喜走出課室及走出香港，成長為好學，自得其樂，積極正向，愛主、愛己和愛人的人。

教學多年，我看到經驗的可貴，看到經驗結合理論須常常反思成為實踐反思者（Reflective Practitioner）的重要，正如學者熊川武（1999，頁3）說：「不斷探索和解決自身和教學目的，以及教學工具等方面的問題，將『學會教學』與『學會學習』結合起來」。此外，「反思性教學」和「反思實踐」的目的，亦是解決教育工作的問題和促進教育工作的成效。」

老師必須和學生一樣好學，不斷學習，如果是一個喜歡學習的人，又喜歡小孩和年輕人，一定會喜歡教學工作，教育工作者必須不斷裝備自己，而學習是從錯誤中不斷反思接受衝擊而產生的，只要有理念，不斷進修及累積經驗，勇於走出安舒區，不斷改變自己，一定會成為帶給學生幸福的教育工作者，而當中最重要有熱情又愛學生，才能永不失望，不屈不撓，一直向前。

而環境是最好的導師，上帝給予我位分在學校中擔任校長，我已由一位懦弱、愛哭、怕面對人和事、趨向保守、不喜歡改變的老師蛻變成為主動積極接觸家長、學生和老師，善用各種各樣方法推動改革，點點滴滴鼓勵同工向前進步的校長。

參考資料

Schon, D.A. (1983). *The reflective practitioner: How professionals think in action.* London: Temple smith.

熊川武（1999）。《反思性教學》。上海：華東師範大學出版社。

後疫情下的兒童教育

疫情下如何照顧
幼兒情緒和社交需要：
幼稚園的經驗

黎淑儀

　　由去年持續至今的疫情期間，相信對於一眾幼兒教育工作者來說，都是相當困難的時期。不消說因無法上學，阻斷了幼兒的學習進度；更重要的是，為防疫而作出的社交距離限制，讓幼兒被迫長時間留在家中，無法與其他人接觸和互動，這嚴重影響了幼兒的情緒和社交發展，但這卻正是此階段的孩子最需要成長的地方。到底在如此困難的時期，該如何照顧幼兒在這方面的成長需要？以下嘗試以我所任職幼稚園的經驗，分享箇中想法和啟迪。

對疫情下幼兒情緒和社交狀況的觀察：不同持份者的處境 ──

　　在去年疫情爆發之初，學校便開始停課。最初大家都覺得只是一時的臨時狀況，但隨著疫情持續，以及接下來一時復課，兩個多

月後又因新一波爆發，被逼再度停課的反覆狀況一再出現，我觀察到，不止幼兒的情緒和社交狀況大受影響，連家長和教師也因而要面對各種不同的困難。

首先是幼兒。在這段疫情持續和反覆不斷的時期，他們的情緒和社交狀況都受到極大的擾亂和影響。以筆者學校的經驗，在疫情初出現時，幼兒們的情緒一開始並未有特別大的波動。但隨著疫情反覆和持續，幼兒長期被困在家，不能上學，也無法與其他人有互動和接觸，缺乏空間和機會紓發自己的情緒和感受，便多了亂發脾氣，而且也比以前更難表達自己的感受和情緒。

此外，由於在停課期間，幼兒長時間只能對著家人，而家人也往往因在家工作，或需要同時照顧多名子女而分身不暇，難以幫助幼兒發展社交。加上幼兒的活動限制於家中進行，也讓他們覺得活動乏味，大大降低了他們對參與活動的投入感。

以本校為例，幼兒們的情緒很受環境變化影響。在去年中首次復課的第一天，可能太久沒有和老師及同學見面，他們都沒有反應，安安靜靜地坐著；隨後幾天，或許是逐漸適應校園的環境，幼兒們便回復以往一樣，主動和其他小朋友一起玩。

也許是長期困在家的關係，以個人觀察，幼兒們都表現得很渴望上學，也更樂意與其他人互動；但另一方面，確實有些幼兒的社交能力在疫情期間是變弱了。由於長時間沒上課和與其他人接觸，幼兒們在語言表達方面變弱的情況尤其明顯。

其次是家長。幼兒們在疫情下的情緒和社交狀況變化，對家

長來說無疑是巨大的挑戰。在子女因停課而全日在家下，家長們既要面對工作，亦要照顧在家的子女，每天全時間要和子女相處，容易放大子女的缺點和難以接受的地方，親子間的張力和衝突急劇升溫；加上在子女無法上學下，家長要顧及子女學習，往往需要同時兼顧老師的角色，令他們容易變得對子女欠缺耐心。在子女的情緒因長期在家而出現問題下，這更讓親子間的關係變得更為緊繃。

更嚴重的是，家長在全天候面對子女下，有些更可能要應付在家工作，令他們往往沒有時間察覺和整理自己的負面情緒，累積下來，很容易會「爆煲」（編按：指「爆炸」、「爆發」）。

最後是老師。學校的老師大部分本身都不熟悉資訊科技，在課堂因為疫情而需要轉為網上形式時，整個教學模式也需要隨之轉變。由於事出突然，他們面對課堂模式需要大幅度改變，在調整和準備的過程中，也承受巨大的壓力。

在受限制的環境下　創造互動和分享空間 ——————

面對疫情持續和反覆不斷的狀況，特別是因為社交距離限制，而無法進行實體課堂的情況下，學校努力在如此受限制的環境中，探索和嘗試各種方法，幫助幼兒仍能發展其情緒和社交。例如在疫情初期，老師已開始拍攝教學影片，希望能讓幼兒在家繼續學習，當中亦已包括和體能及音樂相關的主題，顧及幼兒的成長需要，達到「停課不停學」之效。

隨著疫情持續和反覆，學校開始引入網課。但網課重點並不是

以教授學術知識，而是以遊戲為主，強調和著重幼兒能在過程中能參與、互動及彼此溝通，希望通過這種方式，培育幼兒的情緒和社交發展。例如老師們在網課中安排過一個有關認識線的遊戲，便可讓幼兒和家長一起在家中尋找線狀的物件，並鼓勵幼兒多分享自己的發現和感受，令幼兒縱使隔著螢幕，仍能與其他同學彼此互動。

當然，因應幼兒的成長狀況，網課的時間不能太長，最多每節20分鐘；而且就算是網課，也會著意要拍攝到課室的空間，讓幼兒經常看見和記得原本課室的環境，令他們容易感受到自己是在上課，亦準備他們復課後，較易重新適應在學校上課的環境。而為配合對幼兒教育不宜使用太多電子工具的要求，老師也會自創繪本故事、活動小冊子、兒歌等等，以不同方式推動正向教育，以及提供小遊戲，讓幼兒和家長一起在家學習，並能表達自己的情緒。凡此種種，均是希望盡量在受限制的環境下，創造讓幼兒主動參與的空間。

至於家長方面，我們發覺他們所面對最大問題，正是由於在應對子女的情緒和社交問題時，往往忽略了自己也在不斷累積情緒，卻缺乏表達和宣洩的出口。因此，就在疫情持續下，我們亦開始進行一些線上的家長工作坊，安排社工協助，讓家長一起分享和處理各自的處境和問題，最重要的，是讓家長認清楚自己累積的情緒，並給予他們個人空間，學習肯定和稱讚自己。

此外，學校也有安排一些線上的親子遊戲，讓親子一起在家完成不同小任務。在親子遊戲的過程中，除了讓家長容易察覺自己對子女的要求和情緒外，和子女一起完成任務，也能提供機會，讓家

長肯定自己。

而要應對幼兒的情緒和社交需要，以及家長們在家與子女的學習，老師所面對的壓力自然不小。在這方面，學校盡力對老師作出支援，為他們提供更多的培訓，讓他們逐漸熟習和掌握教授網課的技巧，以及在網上與幼兒互動的要點。而老師們經過由去年至今反覆的情況，亦已變得能駕馭和熟悉網課，我覺得在這方面，雖然有危，但更亦是有機。

疫情下的嘗試能成為對未來的啟迪 ——————————

雖然在去年至今的時期中，要因應疫情下的限制而作出種種轉變，可能是迫於無奈的臨時之舉，但在這段期間所觀察到的東西，以及所作出的嘗試，可以為未來幼兒教育的發展帶來啟發。例如隨著之後疫情可能反覆，網課可能會成為學校教育必不可少的一部分，但為了對應幼兒的成長需要，網課的形式也有需要轉變，如需要更以遊戲和互動為主，並要多探討如何能在網課的形式中加強幼兒互動和參與感。而長遠而言，增強課堂的互動性，亦能更好地促進幼兒的情緒和社交發展。

此外，在疫情期間，家長與子女長時間相處時，更容易知道子女的強處和需要幫忙的地方。這也成為一個契機，讓我們一眾幼兒教育工作者，於未來能持續探討如何和家長就著幼兒的這些方面加強溝通，發揮家校合作精神，從而更了解幼兒的成長需要，並尋索更適切的應對方式。

當福祿貝爾遇上新冠肺炎：
後疫情的幼兒家校合作

張展鈴、黃鉅鴻

　　突如其來的新型冠狀病毒，全球的生活模式一下子如魔法般改變了。人類近幾十年來建立了並上了軌道的現代社會構築的全球化接軌制度、旅遊經濟生態、醫療公共衛生系統、政府領導和企業道德的標準等城市文明都一一大受衝擊，令我們不禁撫心反思，我們一直以為必然地享受的安全、健康、富教養、侵占大自然和隨心所欲的經濟生活，能否滑動式持續發展和怎樣把新適應常態化。

　　因疫情影響之長及廣，我們教育界及家長們均各施各法，為孩子「停課不停學」而努力；經歷多個月計劃、實踐、評估及調整後，在家學習已成新常態。「疫情校政」方面要確保財務健全性和前瞻性。疫情後，購買和調配消毒藥水等防疫物資的庶務科學管理占了重要的位置。我們強調的3個W：Wear a mask（戴口罩）；Wash your hands（勤洗手）；Watch for social distancing（保持社交距離），

將來也是常識教育的常態。

　　學習進度方面，因停課而未能回校上實體課，年幼的幼兒一方面依賴家長在家的準備、陪同及參與；另一方面，要靠賴教師的網課、教學影片及與別不同的教材教具學習。教材製作後，我們啟動了專遞方式，把需要的教材送到學生家裡，不需家長奔波。老師們也寫慰問卡，送到家裡，維持師生的緊密感情聯繫（bonding）。家長窩心，放心也開心。

　　一向善於以幼兒為中心、配合幼兒生活經驗和興趣，營造具啟發性學習環境的幼稚園老師，短時間內極速地掌握了原來需要幾個月至兩年的專業知識及技巧，足夠應付當前需要。老師們的Zoom能耐和網作能力將來必定是新要求的新常態。

　　誠然，幼兒均衡發展和健康快樂成長一直是家長及學校的目標，而家庭更是教育孩子的基礎。良好的家校合作關係一向是孩子快樂成長的鑰匙。疫情後的這個目標只有強化而沒有改變。

家長化身幼師

　　幼稚園教育之父福祿貝爾先生（Friedrich Wilhelm August Fröbel）認為「遊戲是兒童的內在本能」，遊戲中學習是幼兒每天學習日程中不可或缺的一環。在幼稚園，老師會按幼兒的發展、能力及需要，編排不同範疇的多元化活動，讓他們通過自主操作、探索及體驗，促進幼兒德智體群美各方面發展。在停課的日子雖有網上課堂，然而，其效能絕不能與在校親身體驗多元化的遊戲活動相

比。「Zoom教」是很棒的工具，但不能完美地代替「身教」。Zoom
仔Zoom女喪失了遊戲的空間，只會令到幼兒減少樂學的動力和師生
及同輩的互動和探究。根據認知發展理論（Jean Piaget, Jerome Bruner,
Noam Chomsky），我們知道幼兒用自己熟悉的圖式去吸收和整合
外部訊息，儲存知識。遊戲正正就創造了這個環境。家校合作的概
念下，家長可化身幼師，如：家長利用教師提供的小點子，如：生
動有趣地教寫字、活化角色講故事及多元化感官體驗教學等教學技
巧。在家教授孩子，我相信家長也能化身幼師，提升孩子的學習興
趣與效能。

家校多溝通

在新常態的學與教環境下，家長和教師各自面對大大小小的困
難，連過去行之有效的計畫也未似如期，如何在培育幼兒的路上相
得益彰，有賴彼此溝通和信任，包容和體諒。作為校長，接納家長
及教師提供可行的意見之餘，亦不時檢討及評估現行措施，並透過
不同渠道，讓家長了解學校在疫情下的安排，提升接納及配合度。
作為教師，緊密與家長聯繫，了解幼兒在家學習的表現和需要，檢
討現有學與教策略的效能。作為家長，持正面支持態度，溝通和配
合，認同學校為保障所有幼兒快樂學習的決定。

關懷與體諒

福祿貝爾先生語錄：「教育之道無他，唯愛與榜樣而已。」

家長是孩子第一位老師，是孩子的學習對象。對於育兒有道的家長
而言，因停課喜見親子時間增加，有助促進彼此感情；相反如家長
對管教孩子沒有經驗，面對疫情的壓力及束手無策的管教問題，或
會帶來負面情緒。家長的負面情緒及行為，直接影響幼兒的成長，
家庭生活的快樂指數也相應下降。因此，教師與家長溝通時，除關
心幼兒在家的表現外，也關心幼兒的家庭狀況、家長的憂慮或需要
等，適時表現關懷及支持，鼓勵家長樹立正面思考的好榜樣，從小
培養幼兒以愛待人。

後疫情的家校合作 —————————

　　記得微軟（Microsoft）的創辦人比爾·蓋茨（Bill Gates）接受
訪問時曾經說過，他一年只放假幾天，但不會去旅行，而會選擇在
圖書館遍閱各著名大學的博士論文，總結世界的未來發展趨勢，其
中一項心得就是醒悟出「疫情必臨」和「氣候變化」。結果他的基
金撥出巨款鼓勵大學做這些方面的研究，造福人類。此外，我也記
得2020年10月出版的一本新書 *"Ten Lessons for a Post-pandemic World"*，
書名可譯作《後疫情世界的十大啟示》，作者是哈佛大學博士
Fareed Zakaria。他認為新冠肺炎大疫情後的世界是抗自由（illiberal
democracy）的數位經濟體（digital economy），需要具全盤實力的教
育（all round liberal education），培育人才。具未來視野的家教動力
（parenting education）很重要，而新冠肺炎提醒我們福祿貝爾式的
家校合作就是第一步。

無論世界如何改變，只要學校和家長齊心，堅守關愛幼兒之初心，彼此尊重、包容和接納，即使過程中有多少難關，總能從經驗中有所啟發及領悟，逆境下結伴同行，順境將會在下一站出現。

後疫情下的新生代幼兒：
在家施教可能／不可能？

吳凱霖

　　「3歲定80」，說的除了是先天性格，更重要的是，指出了幼兒教育的重要。疫情下大家也暫停了面授課程，畢業禮改在雲端發生、開課日不再是跟父母說再見的考驗，而是父母排排坐在孩子身旁「陪太子讀書」。到底網上授課是否可以取代面授？尤其對幼兒及其家庭有什麼影響，值得我們深思。

幼兒學習模式 ─────────────

　　幼兒階段的學習，靠的不是工作紙，用的也不單是視覺。玩樂是幼兒最佳的學習模式，因為真正的解難能力，豐富的想像力與創意，全都不是在Zoom教出來的。英國兒童心理學家、精神學家Donald Winnicott也曾明言，「玩」是一個人培養創造力和找到自我的起始點，也是我們每個人與外在世界的接觸點。所以，幼兒即使

沒有上學，必不可少的，並不是網上授課，而是自由玩樂的空間與機會。因此，家長和學校在設立新的「開課」常規時，請務必要加入這個最高效的學習時段。

從事教育工作的，對VAK（Visual-Auditory-Kinesthetic）學習模式不會陌生，每個人的學習模式專長也有不同。有些孩子是強於以視覺（Visual）或聽覺（Auditory）學習，他們一般對轉到網上或在家學習的適應度最高，因為前者能透過閱讀書本、參與工作紙、看影片學習，後者能在網上聽從指令、聽歌曲吸收新知識。相反，強於以動感（Kinesthetic）學習的孩子，則最難單從網上學習，因為他們需要透過做，例如觸摸實物與試做一次來學習。因此網上學習的成效，對不同孩子而言，挑戰亦不一樣。真正以兒童為本，就要在課程設計上考慮VAK不同學習模式下的兒童發展。

硬體與軟體配套

在家開課最頭痛的是家長，這亦是一個更明顯看見貧富差距的戰場。家中有兩三名孩子，加上在家工作的父母，一家到底要多少部電腦、多大的網路流量才能應付？只要少一部電腦，少一個穩定網路，孩子就可能比其他人少了學習機會。所以在推行網上課之前，必須要就硬體配套上作出妥善安排，否則此舉就會成為擴闊貧富差距，進一步減低社會流動性的幫凶。欣賞不少慈善團體及學校把這點納入重要考慮，沒有忘記教育之根本除了傳授知識，更是促進社會流動性。

其次是軟體配套，當我們表示要跟從美國兒科學會（American Academy of Pediatrics，AAP）的指引，限制5歲前的螢幕時間在1小時內，那我們必須思考的問題是，有沒有為家庭及小朋友提供有意義的另類選擇呢？我們有沒有提供一個安全的環境讓孩子自由探索？我們有沒有刻意加入大肌肉訓練時間給小朋友，讓他們有些活動的機會？我們有沒有提供一些小肌肉發展的點子，包括用衫夾、開瓶子、夾波波等有意義的活動給孩子？早前Playright就曾對學校及社區送贈遊戲盒，讓孩子透過開放式遊戲強化社交能力及大小肌肉。不少推崇遊戲學習的學校，也以資源箱豐富家長及孩子的學習經歷。

最後，作為兩女之母，我深明「後疫情」下的教育不但是對孩子的挑戰，更是對父母的考驗。透過舉辦精簡貼題的家長課，讓家庭及不同照顧者成為孩子的教育小隊成員，這對後疫症下的小朋友尤其重要。我們不單關注小朋友的情緒發展，更著眼在家長的壓力指數。一個平靜安全的環境，能減低孩子的情緒及行為問題，反之亦然。家長課不是要加重父母的負擔，而是讓他們知道有同路人在、我們可以找到方法一同支援孩子，培養以孩子主導的學習。

"It takes a village to raise a child."在這地球村上，希望每個家庭都找到這份支持！

「後疫情」不單是新名詞，更是一個新常態。這真實處境敲響了警鐘，告訴我們未來再沒有超穩定常態，新疫情或新學習模式可能隨時出現，在家學習或者結合家校共同施教，將可能成為未來兒童教育不可或缺的一部分。故此，社會對家長的支援和提供在家施教培育顯得格外重要。

為應付未來需要，除一般網上授課外，在幼兒部分亦建議加入：

1. 社會或學校製作在家學習／遊戲支援盒：按兒童成長、學校課程進度和多元智能發展，制定開放式學習材料、配件及工具，提供予家庭使用，讓VAK不同學習模式的孩子也不會被忽略。
2. 線上線下支援家長系統：透過系統為家長提供家中學習及學習支援盒影片及操作說明，令知識、能力較遜的家庭也能有效在家施教。
3. 家長間成立互勉組群：透過凝聚同校或同社區的家長，交換心得同時鼓勵互勉，減輕家長間的壓力，善用社區網絡。

後疫情下的入學預備
別忽略孩子的情緒

吳凱霖

　　前文提到在家學習的可能性、學習配套及軟硬體的預備，喜見不少學校及機構都作出回應，有的推出學習資源盒、有的推行iPad借用方案或借出免費上網空間，以減少學習傾斜及數位鴻溝帶來的影響。事隔數週，教育局便宣布月底開始復課，家長老師和學校總算對「Zoom風化雨」的生活有個限期。孩子回校的日子臨近，大家有沒有想過為何幼稚園高班及小一會比小二、三較早回校？

　　心水清（編按：指頭腦清楚）的朋友自會明白，這與孩子成長階段有關，將要離開學前教育的孩子，需要面對的除了是學科上的適應，更多的是入學準備（School Readiness）。當然，其實需要適應的，並不止幼稚園或小一生，很多同學也差不多半年沒有真正上過學。所以新學年開課，我們要關注的，是學童健康。請不要忽略，除身體健康以外，更要關顧心靈健康——即學童的情緒。

復課準備ABC

　　復課前，大家可能會預備口罩、水壺、文具、校服等物資，物資以外，學童的情緒更要事前作好準備，以下嘗試分享復課ABC供大家參考，它們分別指Act on Feelings（行出感受）、Build the Word Bank（建立詞庫）及Connect Actions to Feelings（結連感受）。當應用時，則以BCA為更佳次序。

　　在實踐ABC前，家長可以檢視一下，自己對孩子的情緒解讀程度如何。對於孩子上學會哭，我們是如何面對？是不是哭著哭著，就會慢慢習慣？面對升學過渡，是不是可以做得更好？面對分離焦慮，是否有更好方法？視孩子為獨立個體，嘗試解讀孩子成長的心理細節，以ABC參透孩子內心世界，是家長們今天就可以開始預備的。

　　首先我們要建立孩子的詞庫（Build the Word Bank），特別是有關情緒的詞庫，這對幼兒尤其重要。最簡單的方法，可先由孩子最熟悉的好／壞或乖／不乖開始，這是他們最能分辨的感受。但這好壞背後，是包含複雜的情緒。每次當孩子表達時，如：「小明今日很壞。」我們可細聽孩子形容發生的事及處境，然後幫助孩子以不同的形容字詞來豐富「壞」。

　　「呀，原來小明今日很壞，他發生了什麼事？是他生氣嗎？還是他傷心地哭？」在與孩子傾談的過程中，讓孩子吸收這情緒的真實名稱，以便他日後能更好表達個人感受或理解對方的感受。三歲

前的孩子仍處於自我中心（Ego-centric）階段，未必容易理解別人的感受，認識情緒，是建立孩子同理心的前奏。

第二步是結連感受（Connect Actions to Feelings），明白情緒相關的詞彙是第一步，讓孩子明白感受的由來，有什麼行動或處境會出現這情緒，這是更進一步。關於這方面，繪本及角色扮演都是很好的工具。《愛哭公主》一書說的是因為出現了不如意的事、生日願望被破壞了，她覺得失望，所以傷心地哭。*"The Night Before My Dance Recital"*及《上台表演別害羞》，都是表達小朋友上台前的感受，前者是緊張，後者是害羞，兩者有關聯，但亦有分別。上學前，若希望幼小的孩子適應分離面對的焦慮，跟孩子看*"Owl Babies"*、*"The Pigeon Has to Go to School"*、《媽媽上班的時候會想我嗎？》等，都是很好的切入點。孩子喜歡動態多一點，就不妨跟他進行模擬角色扮演，預演一次上學，讓他們感受一下將會發生的事。有了心理準備，孩子自然更有信心面對。

第三，行出感受（Act on Feelings），明白詞彙，了解情緒成因，更重要是如何面對。Dr. Daniel Siegal的名言「Name it to tame it.」（當你能把那感受命名，你就能平伏那情緒。）是的，這是當中最重要的一步，讓孩子有一個切合年紀的情緒出口，有助他們日後面對更大的情緒。舉例：孩子可以學習用深呼吸方式，透過靜觀處理情緒；甚或對較活躍的孩子，可以讓他以搖擺手腳的方式，把緊張的情緒搖開甩掉。這些都是切實的行動，讓孩子在感覺上、心靈上及身體上也得以放鬆。

著眼於可以改變的事 ——————————————

　　疫症令家長與學童都感到壓力，常規可控及穩定，本是大家的安全感來源，對幼兒而言尤甚。面對充滿未知的前路，我們如何面對，正是向孩子示範，如何面對不確定性的最大身教。未來的世界充滿變數，當超穩定結構不再，孩子能擁有面對變幻的能力，正是未來的成功之道。讓孩子著眼於努力在可改變的事，包括以什麼態度上課、用什麼方式保持衛生、如何與老師互動；而盡力不把目光專注在不能控制的擔憂當中，這也是一種成長心態（Growth Mindset）的演繹。孩子遠比我們想像中敏銳，能準確讀取我們的非語言訊息。我們對疫症的憂心忡忡，將會成為孩子身上的擔子，反之亦然。家長們請先照顧好自己的心理健康，孩子才能身心健康地成長。

先照顧好自己，再照顧同行小孩

丁惠芳

　　筆者從事個人及家庭輔導多年，在輔導室裡接見過不少家長帶著有「問題」的孩子來尋求輔導。這些家長一開始便訴說著孩子「不專注」、「無動機」、「反叛」等各式各樣的「問題」，並抱著「打支針快D好」（編按：打支針快點好）的心態，希望輔導員能發揮專業所長，把孩子快點「醫返好」，讓家庭生活重回正軌！家長有這種心態是不難理解，但卻反映這些父母對兒童成長不大理解，以為孩子的心理和行為問題就好像患了傷風感冒一樣，可以找專業醫護人員幫忙，吃點特效藥，甚至打一支針就能藥到病除。這確實是一個很大的誤會！

有怎樣的家庭／父母，就有怎樣的孩子 ───────

　　我們可能聽過關於生活和飲食習慣的一句話，英文是：You are what you eat! 意思是說有怎樣的飲食習慣就有怎樣的身體和健康。同

樣道理，有怎樣的家庭就塑造出怎樣的孩子，而父母（或照顧者）則是在家庭裡主要影響孩子的人物。常說「子女是父母的一面鏡子」，意思是指孩子的性格和行為表現往往像一面鏡子，讓父母能看到自己在孩子心目中的模樣。曾經有兩位家長親帶女兒到來見輔導員，一坐下便投訴孩子無論在上課或在家裡做功課時均不專注，時常馬虎了事，但卻沉迷網路世界的活動，如上社交網站、追看劇集及打機（編按：指「打電動」），希望輔導員能幫忙把女兒的問題行為糾正。秉持著父母對子女有著重大的影響的想法，於是輔導員便與女孩探討她有否留意到父母有那些專注的行為是值得她學習的，女孩想也不用想就說：媽媽煲韓劇時十分專注、爸爸打機時也十分專注！在場的父母聽到女兒的說話頓時感到十分尷尬，發現原來女兒不止沒有機會看到自己工作時的專注態度，反而注意到父母煲劇（編按：指「追劇」）和打機時全神貫注的神態，一些都是他們時常限制女兒所做的活動，但自己做的時候卻讓她看得一清二楚，並起著模仿的作用。這故事說明孩子的觀察力很強，把父母在家的一言一行看在眼裡，不經不覺地把這些言行「翻版」出來。

先照顧好自己，再照顧同行小孩

香港有不少父母均要外出工作，一天繁忙和辛勞後回到家裡看看劇集和打打遊戲機放鬆一下是十分正常的；但父母可能沒有留意到孩子覺得爸媽在家放鬆但同時卻要求「我要專注學習和不要浪費時間在網路活動上」是不公平的，「為什麼你可以玩我不可以

呢？」孩子有這想法是因為沒有見過父母在外辛勞和專注工作的樣子，只是看到父母可以在家放鬆，但卻不讓自己放學後在家放鬆。遇到這樣的情況，父母先不要覺得孩子就是喜歡與自己作對，而是靜下來思考一下其實孩子只是「有樣學樣」，見到父母這樣做，心想自己這樣做應該是無問題的。況且仍在讀小學的孩子無論是認知或道德發展仍未成熟，他們未必能夠設身處地考慮到父母在外已經辛勞一天，回到家裡休息放鬆是合情合理的。反而他們覺得自己已上了一整天的學，回來休息放鬆是應該容許的。要是孩子有這種想法，父母可以或應該如何回應好呢？

相信曾乘坐飛機的朋友都聽過這樣的飛行安全資訊：在緊急情況時，氧氣罩會自動從天花放下，這時候乘客請先替自己戴上氧氣罩，再替同行小孩戴上。其實這安全資訊在親職事宜上有著重要啟示，特別是當有「問題」出現的時候。正如以上的例子，父母如要孩子專注，那麼他們便先要在孩子面前示範什麼是專注。如果要孩子讀書，自己便先要「書不離手」；如果要孩子遠離電子產品，自己便要收起這些產品，不要讓孩子看到原來父母也很沉迷；要孩子有健康的生活習慣，父母也必先建立好健康的飲食和作息習慣。簡單來說，要孩子改變，大人先要改變，若果大人都不能做到，那又如何期望孩子能做到呢？如以上的飛行安全資訊所言：先照顧好自己才照顧孩子，同一道理，在親子關係上，父母希望孩子改變，就要以身作則，先改變自己才可以期望孩子改變！其實這是老掉牙的教訓：身教比言教更為重要。

父母是孩子永遠的榜樣 ─────────────

　　最後順帶一提的就是延續了近一年的新冠疫情打亂了很多家庭的生活節奏，不少父母既要應付工作和日常生活上的改變，更要協助孩子適應新的學習模式，壓力之大可說是前所未有，父母可能也會懷疑既然自己都未經歷過，那麼如何可以做到以身作則呢？其實父母不單要在行為層面做孩子的榜樣，更要在態度和價值觀方面起著示範的作用。譬如說，現在很多工作和學習都是在網上進行的，對很多家長來說這些都是新生事物，大家都可能沒有什麼經驗；但父母卻可以示範給孩子看，如何可以在充滿挑戰的環境裡自強不息地學習新事物，互相支持地克服困難，這些態度和價值觀的言教與身教是同樣重要的。寄望所有的家庭能相互扶持渡過目前的困境！

孩子學習面面觀

▌為未來做準備，學習如何學習

雷兆恆

「10年內，40%傳統工作會因AI而縮減？」

Mckinsey一份報告預測，美國於2030年，將會有40%傳統工作因為AI自動化而大為縮減，而MIT IBM Watson AI Lab一份報告則預測，AI的發展不會取代人類。而是令人類能減少重複性工作，專注於需要創意和判斷決策的工作。

面對急速變化，不可知的未來，我們需要做的，並非單單掌握更多「新知識」（to learn），而是能掌握「學習新知識」的能力（learning to learn），即是「學習如何學習」。其精粹有以下三點：

鞏固基礎，融會貫通

先說一個大家熟悉的例子：獨孤九劍。這是金庸小說《笑傲江湖》裡的最強劍法，其要旨在於一個「悟」字。首先透過學習基礎劍招，從過程中掌握料敵先機的能力。然後即使盡數忘記劍法也不

相干，忘記得越乾淨澈底，越不受原來劍法的拘束。於是即使面對從未見過的劍招，也能應對。《倚天屠龍記》中，張三丰傳授張無忌太極劍式時，也是要他忘掉招式。總括來說，先鞏固基礎，再融會貫通，最後忘記原來的表面形態，就能無招勝有招，超越原來的招式，也就是掌握了新知識了。

過程非常重要

「學習知識的過程」，比起知識本身更有價值。不時聽到人說，在中小學被逼學習數學、物理、歷史等，因為感到這些知識在職場上未必有用，於是失去學習動機。電影《那些年》有句對白，很能夠反映這種心態：「十年後，就算我不會log，還是可以活得好好。」（當然這是不正確的，在肺炎疫情期間，很多人就因為看不懂傳染病學的log圖而鬧出不少笑話，但這不是本文重點。）但其實，學習數學，並不是為了記住方程式，而是為了在過程中訓練出邏輯思維，及解決問題的規劃能力；學習歷史，也並不是為了背誦年分和歷史事件，而是為了在過程中訓練出分析、歸納、比較、評價的能力；而這些能力是可擴展的（scalable），可以應用在很廣泛的場景。就像獨孤九劍一樣，中學時若認真學習基礎數學，儘管之後把中學程度的數學方程式忘記了，但過程中所訓練的邏輯思維，在解決非數學問題時就會非常有用。例如很多今日大行其道的人工智能算法，如卷積神經網路（Convolutional Neural Networks，CNN），深度置信網路（Deep Belief Nets，DBN），迴圈神經網路

（Recurrent Neural Network，RNN），就需要以數學思維來理解和優化，然後就可以應用於例如電腦視覺（Computer Vision，CV），自然語言處理（Natural Language Processing，NLP），及生物資訊學（bioinformatics）等範疇，這是當初學習基礎數學時未必能想像的。再舉例，筆者研發的聲紋匹配算法，咳嗽聲診斷算法，人工智能作曲算法等，也是從學習密碼學的過程中得到啟發。知識環環相扣，講求融會貫通，而且最終的應用場景，很可能和學習初期的形態南轅北轍。正如宮本武藏在《五輪書》所言，在兵法登峰造極後，以揣摩兵法的思考方法，就能掌握其他方面的才藝。

能解說，就能理解

電腦編程界有一絕招，名為「小黃鴨除錯法」（Rubber Duck Debugging），相當有效。簡而言之，就是把小黃鴨放在電腦旁，在編程期間向小黃鴨講解程式，以啟發靈感和發現問題。當然，按個人喜好把小黃鴨更換為初音未來或盆栽也可。其重點是，若你能把心中所想，把所掌握的知識，很有條理地說出來，你才算是真正掌握了該知識。而透過講解的過程，你往往能發現之前看不見的問題，就能作出改進。更進一步是，多找機會教導其他人，若你能教，就代表你真的把該知識融會貫通。

知識本身會過時，學習新知識的能力才是永恆。無論STEM、AI、資料科學（Data Science）、機器學習（Machine Learning）等，都在新時代有其獨特的角色，如何透過掌握它們，以擁有學習未來

知識的能力，是教育者應為兒童思考的未來之道。

參考資料 ────────────────────────────────

https://www.mckinsey.com/featured-insights/future-of-work/the-future-of-work-in-america-
　　people-and-places-today-and-tomorrow

https://www.ibm.com/blogs/research/2019/10/mit-ibm-watson-ai-lab-future-of-work/

https://en.wikipedia.org/wiki/Rubber_duck_debugging

▋ 如何培育「擁抱科學」的新生代

李美嫦

擁抱是個親暱的動作，是人與人之間親密的情感交流，那麼「擁抱」科學是什麼意思呢？在這個世紀疫情的當下，人們對科學已經處於半信半疑的狀況，而在科學越先進的國家，越見有成千上萬的年輕人高喊「新冠病毒是不存在的，疫情是騙人的」口號，君不見網路上更充斥著「不要輕信科學」、「切勿迷信科學」的論述，我們何解要教育新生代「擁抱科學」呢？容我先把「擁抱科學」定義為相信科學、尊重科學和實踐科學。然後再淺談「為何」和「如何」擁抱科學。

為何要相信科學？有很多知名的科學家都有深淺不一的解釋，但我作為教育工作者，我會用簡單的科學方法來理解這個問題，就是科學是相對可靠的方法去認知事物的真相和對其預測，科學產生的理論可說是集體研發的，經過數以百年的發展，推論、修正、改良甚至推倒重來等反覆驗證而來的知識。為何要尊重科學？因為科

學是人類集體智慧，是自然世界的規律，是建構「理性化」社會的策略，讓人類社會得以邁向進步的基礎。當然科學不是完美的，它隨時隨地都可接受質疑與挑戰，前提是要以文明、尊重和理性的手法去完善其理論和成果。科學的認知是需要人類來實踐的，在「知、情、意、行」的教育理念上，行動是最終的教育目的，也是科學存在的意義。

如何培養新生代「擁抱科學」？我會以「辨、便、變」的教學理念來推展科學相關的學習。

「辨」是指分辨、明辨、思辨的思維能力，幼童或初小學生初接觸科學，可用分辨的簡單方法來鍛鍊其五感的觀察力，其次是明辨，即開始分析、理解科學的理念，訓練學生堅持向科學要答案，向科學提問題，自學培養尤其重要，學生有了科學探究的基礎技能後，最後是幫忙學生發展出辨解的科學思路，從生活現象，生活難題中以科學的方法思考及辨析。

「便」是便妥、利己利他的科學素養，科學的意義是改進人類社會生活，讓人類生活變得更便捷，便利和便妥，當然一切科學的研究是要利他，即造福人群，這才能值得人類與科學兩者間彼此尊重。

「變」是科學最有趣的地方，科學是多元的，多變的，及可遷移的，科學的學習及研究不是只得一種方法，而且科學探究是變化多端的，其理念更是具遷移性的，它可套用在不同的研究上，科學的教學設計，若能依以上三個進路而行，就能讓科學教育變得更

聚焦。

　　聯合國於2015年發表了人類社會持續發展所包括的17個目標，期望能應付2030年的世界環境變化與挑戰，目標包括：消除飢餓、清潔飲用水、衛生設施、應對氣候變化、優化土地資源等，還未提及疫症傳播呢！其中大部分都需要科學研究與推展，沒有「擁抱科學」的新生代，相信這些目標就更難實現，教育工作者們及家長們，我們的育人使命路仍漫長，但卻又急在眉睫啊！

不輸給自己：
鍛鍊思維與心智的小辯士成長歷程

洪細君

連續舉行了五屆，由沙田崇真學校統籌，共32間中小學參加的拍住上中小友誼賽與及學界另外一些小學辯論比賽，都因為疫情緣故暫停了一年。每每在思考是否值得花心力舉行並鼓勵同學參加的同時，總是回想起許多當中經歷過的小故事。

小辯士在辯論和競爭中成長

校友Francis剛由英國回來探望家人，他小學和初中都在香港讀書，今年收到他考入英國University of Bristol的好消息，大家十分替他高興。

Francis是混血兒，英文了得，廣東話和普通話亦十分流利，人活潑鬼馬，口舌便給，自小熱愛閱讀，天文地理，中西歷史，機械物理，都倒背如流，每一個小息在操場上都看見他在看書，他人大

膽不害羞，我常常即興邀請他上台向小息後集隊的同學分享圖書，他總是大方答應。

Francis讀小五的時候，我希望栽培他參加辯論，鼓勵他先去觀賞中學辯論比賽認識一下賽制，他因為從未聽聞辯論是什麼一回事，告訴我沒有興趣，我還特地聯絡他媽媽來簽通告，才能成功帶他去觀賞，看完中學生全港最後2強的粵語和英語辯論比賽回來，他很興奮告訴我：「比賽的哥哥姐姐很會吵架！」推薦他給帶辯論隊的老師，老師卻投訴他因為興趣太廣泛，活動繁多，經常告假缺席練習，不想再讓他參加。我一次又一次代他向老師求情，說服老師這個孩子其實裝備充足，自小看了大量書籍，非常喜歡追求學問，課外知識豐富，請老師給他機會藉著比賽多加鍛鍊，相信有了成功經驗後他便會愛上辯論。

一開始參加學界辯論比賽，Francis果然就連奪兩次最佳辯論員獎項。其他小學生對手或組員可能多有背稿，但他的點子和理據卻早已在腦海中，一經老師點撥，手到擒來，即時回應，快狠準，確是最佳辯手。

成功就是成功之母，有了成功經驗，Francis更願意潛心學習辯論技巧。沉迷其實比努力更有學習效果，這孩子任何時刻都津津有味，孜孜不倦地吸收知識，只要信任和給予機會，他便能發揮所長。

辯論或許只是Francis求學階段其中一點經歷，知道今天他將會在大學主修國際關係與政治，更需要放眼世界，了解時事，歸納理據，思辨真理，溝通解難，在這個意見紛紜、資訊繁多，事事也要

fact check查證的年代，當年小學的辯論訓練就是一個小小的起點。

Francis另一個辯友穎兒後來也拿下最佳辯論員獎項，她參加辯論隊的初期十分膽怯，只肯當後備員，在背後幫忙同學搜集資料，一次終於輪到她出場，竟嚇得幾乎昏了過去，老師只能臨時安排其他同學頂上。

但穎兒最後克服了恐懼，在另一次比賽中大膽站上比賽台階，出乎意料地她竟成為最佳攻辯手，向對方辯手的提問句句到肉，令人招架不住，更贏得台下如雷掌聲。

辯論台確是訓練學生的好場所，也是一項持久戰，考驗同學耐力，參加學界比賽，只要輸一次就會被淘汰出局，壓力十分大，學界比賽一般有60多個隊伍參加，一場一場打上去，參加的同學少點意志和毅力也不行。沙崇辯論隊多次只去到16強便止步。幸運有好的導師，加上師生努力，日夜琢磨，天天試劍，沙崇同學取得全港小學界辯論冠軍已是八年之後。

同學站在台上，望眼台下，有自己認識的和不認識的觀眾，台上又要即時面對對方辯手的質詢，努力反駁對方立論，同學必須反應敏捷，思路清晰，臨場將事先準備的資料加以整理，融會貫通，使用恰當措詞回應，既考腦筋，也考膽量，需要高度集中精神聆聽、立論、辯解、陳述和反駁，更不怕輸在人前，勇氣和實力缺一不可。

另一位辯手卓文也令我留下深刻印象，她和隊友本來合作無間，甚至差點就贏了比賽，可是她負責結辯的時間計算不準確，因

最後多講了「謝謝大家」四個字而超時，被大會扣了5分，結果我們隊伍反勝為敗，失落了獎項，隊友最終只贏得最佳辯論員獎項，同學都埋怨她，她也沮喪了，說以後永不再參加。我在校內台上再頒一次最佳辯論員獎項給獲獎同學的同時也請她上台，鼓勵她繼續參加比賽，不用介懷輸贏，她聽了勸告，捲土重來，她真的做到忘記背後，努力面前，向著標竿直跑，之前的失敗沒有成為她的負擔，反而成為提醒，經過不斷努力，在下一個友誼賽中她就憑著精準的立論和完美的結辯，不差分毫，和隊員一起勇奪冠軍。如果當日輕言放棄，日後便空餘遺憾，後來勝利的快樂和進步便嚐不到。

　　這故事還有後話，之後一年我出席附近的沙田蘇浙公學陸運會作頒獎典禮嘉賓，運動場上喜見升上中學的卓文，關心她是否仍有參加辯論，她答自己是中一生不知道可否參加，我立即介紹她給蘇浙公學負責辯論隊，學養淵博、文質彬彬的曹博士。經過曹博士培養指導，卓文脫胎換骨，大有進步，之後代表中學回來母校參加拍住上中小辯論比賽更連奪數獎，捧著獎牌歡喜快樂跑來和我合照，分享勝利的喜悅。

　　後來更聽校友說，沙田蘇浙公學幾屆學生會會長都是沙崇當年辯論隊成員，有一屆更曾有校友同時競爭上莊，雖然有輸有贏，但校友能積極投入中學校園生活，實在感恩。

　　其實參加辯論比賽就是要鍛鍊一種不怕失敗卻不服輸的精神，事前固然要充分準備和計劃，但臨場發揮至為重要，活學活用，多加磨練，不斷反思檢討，勇於試錯，講求數據理據，深入思考，多

番論證，不能輕言出口，要以理服人，說話精準，心思慎密，著重溝通，相信真理越辯越明，又講求隊友合作精神，互補不足，一起解難，真的是膽大心細臉皮厚。心理素質要高，語文能力要強，邏輯思維必須堅實，同學需要小心查證，大膽表達，這些正是未來領袖重要的素質。年輕人只要能遇見良師，得到栽培，便能盡展潛能，卓文和穎兒就是不輸給自己的好例子。

在辯論中培養思維和心志　應對未來挑戰 ——————

見證著一代又一代小辯手的成長。萬丈高樓平地起，年輕人就是未來的領袖和社會的棟樑，老師們都是懷著這樣的理想一點一滴栽培新生一代。

這種栽培正與未來教育的目標不謀而合。EQ之父丹尼爾·高曼（Daniel Goleman）和《第五項修煉》（The Fifth Discipline）作者彼得·聖吉（Peter Senge）二人在所合著新作《未來教育新焦點》（The Triple Focus: A New Approach to Education）中，便提倡未來教育的其中一項重點，是要培養學生具有「系統思考者的習慣」，當中包括：

- 分析因果關係時，能看出時間差所造成的影響；
- 找出預期之外的影響；
- 以改變觀點來增進了解；
- 能辨識複雜因果關係的交互影響；
- 能看出系統結構對行為產生的影響；
- 了解系統的架構並找出更好的施力點；

● 提出假設，並加以測試。

在上文分享的幾個個案中，孩子們正透過辯論及競賽過程，訓練上述系統思維能力。更重要的是，他們在過程中亦鍛鍊出堅強的心志。21世紀教育最令人頭痛的問題，就是如何讓下一代面對不穩和不斷轉變的環境，若孩子自幼便培養起系統思維習慣，並具有自信和不屈不撓的心志，又有何懼呢！

現在，持守著這些信念，我們又忙著開始籌備新一屆拍住上中小辯論比賽了。希望能在過程中，繼續創造更多動人的、「不輸給自己」的教育故事。

世界閱讀日的反思：
由學習閱讀（Learn to Read）到閱讀學習（Read to Learn）（上）

吳凱霖

　　哈佛大學教授Jeanne Chall的Learn to Read（從學習閱讀）到Read to Learn（閱讀學習），把孩子閱讀過程分為兩大主要階段，幼稚園到三年級算是前者；四年級開始，小孩子才正式進入Read to Learn的時期。三年級以前，他們的界分是，閱讀只停留在解碼及學習Sight Words（視覺字／認字）的層次；四年級起，閱讀才是為了獲取資訊。

　　但近20年，愈來愈多研究指出，其實Learn to Read與Read to Learn是同步及連續地出現的，而閱讀理解本身亦是從Learn to Read中已開始學的。若我們在孩子幼兒至三年級前，都只給他們狹窄的閱讀經驗，甚至在這些階段過分強調認字，或只集中學習拼音。留待四年級時，才讓孩子消化閱讀內容並在此時才強調理解，這並不

是一種好的閱讀法，也不見得對孩子的語文能力有很大幫助。

　　Read to Learn是一個過程，而不是一個孩子一到達8-9歲，就能自然獲得的新技能。若在前期認字階段，只懂得把文句中的每個字認出，卻不會逐步理解整句句子的意思，那孩子又怎可能忽然在9歲時，自行把一個故事或整篇文章消化並看懂呢？

拼音與Flash Card的迷思

　　這種過於簡單的二分法，背後的緣起大約來自20世紀初，大家開始對拼音的著迷，而的確拼音是有助孩子的讀音及串字，因為家長都希望孩子的語文能力快速地提升，亦看得見（聽得見）的進步，於是不少人沉迷讓孩子學習字母與聲音的關係。

　　的確，孩子能因此串出大部分的英語字詞（當然，有些英文字詞的字根是從拉丁文、希臘文而來，那就不能單從一般拼音學會，對文化及字根的了解，才會全盤掌握）。於是，合成拼音（synthetic phonics，英國）或混合拼音（blended phonics，美國），成為了英語教學主流，亦取代了全語言方式所強調的閱讀能力。由於學習拼音的確會加強了Learn to Read的能力，但單一的強調拼音，卻是忽略了Read to Learn是一個持續的過程。

　　直至數十年前，Flash cards開始流行，於是坊間又出現了另一種重視「看與說」的視覺閱讀方式。但閱讀與語言並不只停留在聽與說，只會拼說出來或看完即讀出字詞，並不算是真正閱讀，也不是真正穩紮的語文能力。

閱讀是需要理解的，語文中的讀，是要在文本中吸收的。閱讀的吸引之處，在於我們可以把前文後理關聯的東西結合起來、可以推測下一步情節、可以反思與發問，可以天馬行空的想像，而這些都不是單學拼音與Flash Card可以比擬的。

閱讀理解是Read to Learn的關鍵。我們跟孩子一同成長的歷程，一直告訴我們，孩子是不斷學習，快速成長的個體。只讓孩子停留在Learn to Read階段，便是讓孩子即使機會來到，以及能力所及下，依然白白浪費孩子的學習天分。

在浩瀚的書海中暢泳

因此，近年的語文課或閱讀課，已把Learn to Read及Read to Learn兩者交替使用。在教拼音時，既學它的Word families（字詞家族）、拼讀及串字方式，同時也在文本中讓孩子應用閱讀技巧。那當孩子升上高年班時，課堂就能主力讓孩子理解、反思，甚至分析所閱讀的文本，而不是從最初階的書籍看起。因為幼年時孩子的閱讀訓練，讓他們能透過閱讀認識了不少基本詞彙，亦知道詞彙在文章或故事中的應用。因著這種互動，從閱讀中學習語文的過程，才能事半功倍。下篇將會探討如何讓孩子愛上閱讀，希望這浩瀚的書海中，有你我的孩子在暢泳。

世界閱讀日的反思：
由學習閱讀（Learn to Read）
到閱讀學習（Read to Learn）（下）

吳凱霖

　　經濟合作暨發展組織公布的「學生能力國際評估計畫2018」
（PISA 2018）結果顯示，在79個經濟體系中，香港學生的閱讀能力
與數學能力排在第四位，科學能力則排在第9位。下一次的評估將
會在今年發生，雖然現在還不知道我們的閱讀能力有沒有提升。但
與2015年的數字比較，香港學生的閱讀總分及排名較2018年下跌，
由2015年的全球第二降至全球第四。

　　在PISA計畫中，閱讀能力（Reading Literacy）包括一系列不同
程度的認知能力，從解碼到認字，由文法到語法，從文本到文字結
構，以至透過閱讀而對世界的認識，也包含在其中。閱讀測試考驗
學生對文章是否有充分了解，包括擷取與檢索（retrieve and access）
的能力、整合與解讀（integrate and interpret）的能力、以及思考與

判斷（reflect and evaluate）的能力。值得留意的是，自2009年起，他們更要加入考慮書本以外的閱讀能力，尤其在電子閱讀方面，加上網上資訊泛濫，孩子們更要學懂的是分辨事實與意見（Fact and Opinion），以及理解不同觀點。

上篇所提及的Learn to Read與Read to Learn過程，正是逐步希望帶孩子由單一觀點到多觀點期，當孩子能分析不同角度的觀點，才不致浪費了孩子的閱讀、認知及反思能力。PISA測試是希望知道學童如何應用所學的知識在實際的生活環境。因此，「應用」與「生活化」就是學習的重點，而正好這也是閱讀的目的。

我們與孩子共讀，讓孩子愛上閱讀，並不是單是因為希望他們的語言能力佳，更重要的是，因為孩子語文能力的提升，他們更能看得更遠，更能快速地在生活中明辨是非。因此，我們要推動的閱讀活動，除了參加官方的「閱讀獎勵計畫」、學習撰寫閱讀報告以外，簡單如：到超級市場買東西時，多閱讀產品標籤、看街道地圖時，嘗試認出街道名字、到餐廳吃飯時，仔細閱讀菜單等，都是在日常生活中的閱讀活動；亦正是應用於日常生活的閱讀。

世上沒有不愛閱讀的孩子

希望孩子從小就有Read to Learn的能力，並不是難事，只要預先訂立每天閱讀時間，讓這成為生活習慣。我們為每次閱讀作好準備，閱書時盡量讓幼小孩子把自身感受與文本結合，感同身受，孩子才會投入其中。我們經常強調，世上沒有不愛閱讀的孩子，只有

用錯方法讓孩子離開閱讀。

　　所以，Learn to Read的過程，也就是緊記一條而已，讓這學習的過程變得有趣，讓它與孩子的興趣結連。包括由孩子選擇想讀的書本、在家中設閱讀閣，更進一步把有趣的事與閱讀連結，那首先當然是我們願意與孩子共讀，讓我們的聲音與閱讀連結；其次更可發揮創意，若孩子愛露營，那我們就打開帳幕，在帳篷中放上書本，讓閱讀跟camping連結。同樣道理，若孩子愛玩廚房，角色扮演為廚師，那我們就把數本食譜放在玩具廚房旁邊。這樣，孩子自然會愛上閱讀。

　　不要糾結於孩子只愛看圖畫為主的書，繪本是無分年齡的，即使在以圖為主的書中，這閱讀的過程中，也有助我們作推理故事及預測情節，亦是建立良好語文基礎的一個重要範疇。

對話才是真實

　　這亦解釋了，為何要先從閱讀開始，而不是先把零碎的字詞帶給孩子。認出一個字、說出一個詞，對年幼的孩子，以及我們為人父母來說，當然十分高興，畢竟也是一個學習的里程碑，但對孩子日後過渡到Read to Learn的過程無助，過分強調單字學習，會窒礙孩子對句子及故事的理解能力。

　　長久習慣了單字學習，缺少語言的聯想力，亦訓練不了對放在面前事件的理解力。其實如我們平日的對話，也是孩子學習語言的契機，這些是天然的學習及練習機會。若我們忽略這些日常，反

而只是單靠指著每樣物件，重覆一次它的名稱，來讓孩子學習。當然，孩子也會因此學會了那些名詞。但他的學習速度，一定比我們願意跟孩子take turn（有問有答）對話為慢。

　　對話才是真實的生活日常，故事才是完整情節所在，把字詞從日常生活中抽離，把語文從故事或連續性文本中跳過，是一種不符合成長特質的學習。短期或會看到好的效果，例如孩子學會的字詞量看似很多，而孩子回答時亦算快速。但長久下去，抽離生活的閱讀，並不會成就良好的語文能力。拼音、Flash card等學字母、記字詞方式自有其可取之處，但並不能抽離於閱讀，或抽空在純認音與認字當中。

"Language grows out of life, out of its needs and experiences ...Language and knowledge are indissolubly connected; they are interdependent. Good work in language presupposes and depends on a real knowledge of things."

— Anne Sullivan

　　這是海倫凱勒的老師安妮所說的：「語文是需要從生命、從人的需要和生活經驗而來的，而語言與知識之間亦是互相緊扣的，好的語文能力，往往取決於對事物的真實認識。」

　　唯有在真實當中，我們才看到璀璨的文字，但願我們能為孩子帶來這分真實。

親子教育，與孩子同行

▌我們以什麼量度孩子？

吳凱霖

　　檢視孩子的成長及程度，家長和老師看得最多的不是成績，就是操行，這是成績表上會打分的兩大項目。但後疫情所教會我們的，並不是停課期間不要忘記幫孩子追進度，而是別忘記關注孩子的情緒健康。

　　雖然在教育局的〈幼稚園教育課程指引〉中，除了有較學術性的認知發展及語言發展外，還有「體能發展」與「情意和群性發展」兩項。對於針對「體能發展」的大小肌肉鍛鍊，稍後再另篇討論。但停課在家，又何來「情意和群性發展」呢？

　　要回答這問題，首先要了解「情意和群性發展」的內容，簡而言之，大致可分為兩大部分，第一部分跟情緒管理，以及是處理幼兒常見的Ego-centric（以自我為中心）課題，例如：分享、同理心及與人相處等有關；第二部分，則關於小孩子的自理能力的發展。停課期間，雖然有網課支援，但缺少社交生活，若家長與老師未能

抽空照顧幼兒的情緒及感受，這方面的空白期，也許比學業更為影響深遠。

報到還是分享？ ———————————

　　香港雖未曾到外國Lockdown（封城）的地步，但疫情嚴峻，冬至聖誕沒有機會一家人一同外出晚飯，沒有了聖誕慶祝派對，甚至報佳音、聖誕崇拜也要在網上進行。撫心自問，雖深知抗疫重要，但還是會對失去了的相聚時光感到失落。小孩子也不遑多讓，忽然的停課、好像沒有怎樣與老師及同學真實互動過，然後，就匆匆過了一個學期，心內充滿情緒，是必然的。

　　上月跟好些校長老師進行了一場微軟舉辦的網上講座，當日分享中提及，當我們每天為上網課的同學報到（Check-in）時，是不是也可以加入情緒Check-in？老師可以不止喚學生的名字作為點名，而改以詢問小孩子今天的心情為開始。時間上也許會花上多一點，但背後的意義卻重大，當中向學生傳遞的訊息是：「我不止關心你是否有出現在課堂，我更關注的是，你今日過得如何、你的感受是怎麼？我重視你。」

　　同樣道理，作為家長，我們一日工作完畢，回家看到孩子，除了問孩子今日學了什麼？有什麼功課，我們有沒有關注孩子今日開心嗎？他有沒有面對困難或不愉快的事？疫症期間，孩子日常未必有機會與其他人傾談，更遑論關顧他的情緒。

　　一年下來，我們也累積了很多感受，不論大人與小朋友也許都

需要空間，為情緒找出口。畢竟我們都需要樹洞，以及被接納的感受。

耶魯的RULER

耶魯情緒智商中心（Yale Center for Emotional Intelligence）就設計了一把間尺（RULER），教我們5種面對情緒的技巧，RULER分別是

- Recognizing：認識自己和別人的情緒、
- Understanding：明白情緒的來源及後果、
- Labeling：用情緒詞彙給它命名、
- Expressing：適切表達情緒，及
- Regulating：調節情緒。

舉例說，小孩子面對新環境不適應，先讓他認識這分不自在的感覺（Recognize）、明白（Understand）這是因陌生環境帶來的恐懼，並為這分感受——命名為焦慮（Label）。接納他可能用哭泣表達情緒（Express），然後容讓他再慢慢讓從你的懷抱中轉身，捉著你的手嘗試去探索（Regulate）。最後，可能不過用10分鐘時間，他已在探索後玩得忘形。這，就是孩子。接納他的感受，支持他表達情緒，然後他就能調節。

面對小孩子的情緒，耳心口，缺一不可。用耳朵積極聆聽（Active Listening），當聽到姐姐跟妹妹爭玩具，並投訴說「妹妹打我」時，先冷靜下來，嘗試不要只叫姐姐讓妹妹，試著說：「姐

姐，你被打了一下，一定覺得很痛吧！」其次是用心去認識情緒，當小朋友出現情緒，鼓勵他把情緒背後的因由說出來，包括喜怒哀樂。與孩子透過遊戲認識情緒，就更是樂事。（有關認識情緒的小遊戲，可參考《多元互動情緒繪本系列》）最後，請幫助孩子把感受說出口：

「我覺得傷心，因為小狗去世了。」

「我覺得失望，因為見不到同學仔。」

「Name it to tame it.」當發現情緒來襲，形容它，給它命名，讓它與我們保持距離。

當我們願意認識並接納有情緒的孩子，長大後，他將會成為充滿同理心的人。今日我們能容得下有情緒的孩子，他日我們的孩子就能易地而處，願意了解別人的需要。只要當我們願意放下心中的尺，把原來量度別人的，化成祝福孩子的RULER，孩子就能被擁抱與擁抱情緒！

參考資料

《多元互動情緒繪本系列》：https://www.diverselearning.com.hk/dlc-activity-15/

「面對孩子的情緒，我們可以怎樣做？」《圓是手足情》

耶魯情緒智商中心的RULER https://www.rulerapproach.org/

■ 「媽媽想你做個好人！」

丁惠芳

記得兩個兒子仍在小學階段時，有一次因為頑皮而令我十分氣憤。心情平復後，我語重心長地對他們說：媽媽對你們最大的願望就是希望你們成為一個「好人」。當時沒有細想什麼是好人，但求他們做一個正直和善良的人，現在回想過來，其實當時我對他們設定了一些道德期盼。為人父母，我們常常會對孩子們有這樣那樣的要求，譬如在自理能力、學習成績和人際關係各方面都希望他們有理想的表現，因此父母常為子女報讀各式各樣的「興趣技能班」，讓小朋友能夠練成一身好武功。除了知識和才能之外，我們甚少聽到父母在道德／品德[1]方面有特定的要求和「訓練」；因此筆者嘗

---

[1] 道德教育（moral education）與品德教育的實施在西方教育歷史裡基於種種宗教、政治和社會因素而經過多番來回變更，到現在是集中在品德教育。香港的情況也類近，教育局課程發展處的指引由1980年代的道德教育（德育）以發展到現在已統整在「德育、公民及國民教育」的大框架之內。但筆者認為道德育和品德兩者既有重疊，也有不同的地方，因此主張兩者並重，以取其較廣闊的意義。

試在這裡談談：「究竟我們希望孩子成為一個怎樣的人？」及「作為父母我們可以怎樣幫助孩子成為這樣的人？」

父母是孩子的第一位老師 ————————————————

　　這句話在幼兒教育界是常識也是真理，意思是說無論孩子有多早進入了有多好的幼兒院或幼稚園後，父母可以與老師「分工」，但是不能也不應把教育孩子的責任全部交給學校的老師。不幸的是，當教育這事業發展越來越「專」及「全面」，父母所擔當的角色就變得越來越小，有時甚至成為了學校教育的「助手」，全力協助孩子在家配合學校課程的進度。這情況在道德／品德發展方面也是一樣。香港的小朋友最早可於三歲就參與正規的教育（雖然是學前教育），而教育當局已經有一個很完備的幼稚園教育課程架構，內容包括「德、智、體、群、美」五大範疇。最近有一個為幼稚園校長及教師而設的專業發展課程，題為「培育幼兒品德發展」。主辦該課程的教育局課程發展處及相關學者都備有十分之詳盡的內容和指引，闡述如何培育幼兒的品德發展，供教育工作者參考。該課程內容甚少提及家長的角色，這不禁令我想到：究竟父母在培養孩子道德／品德方面應該和可以做些什麼？

3歲定80：0至3歲幼兒道德觀念的發展 ————————————

　　個人的道德發展對整個社會有重大的影響，成熟的道德觀能夠保障社會上每一個人的權利和福祉、促進人與人之間的和平共

存及時刻提醒我們要對抗各類壓迫性的殘酷行為（Dahl, 2008a）。究竟「道德」是指什麼？怎樣才是一個有道德的「好人」？這些問題在中、西方的哲學均有很詳盡的討論，本文只能夠有篇幅集中在幼兒道德發展方面的討論。一直以來有三套理論闡釋兒童的道德發展：認知、情感和處境理論（Molchanov, 2013）。「認知」派的關注點在於認知能力與道德發展的關係（cognitive aspect of moral development），並認為「公義」是普世的道德原則（Piaget, 1965; Kohlberg, 1976）。「情感」派（emotional aspect of moral development）則關注道德發展的情感因素及認為「關懷」是道德的基石（Gilligan, 1997）。「處境」派則揉合了「公義」與「關懷」兩種道德取向，並主張按個別處境的需要而行事。而香港的品德教育則採用正向心理學的框架，在「公義和關懷」之外加上：智慧與知識、勇氣、節制、靈性與超越等共六個道德／品德範疇（正向教育研究室，2020）。

　　兒童發展理論學者均同意道德發展從幼兒階段已經開始，並一直持續至成年。近年有研究更指出3歲的幼兒為了關顧別人的福祉已能夠作出行為方面的道德（對與錯）判斷；因此筆者認為父母不應該待孩子入學後才讓他們接受「道德／品德」培育。反之，父母在孩子在進入正規教育體系前，亦即是3歲之前已經可以開始（甚至需要）培育孩子的道德／品德。

道德／品德培養，由「關懷」開始 ———————————

　　以上提及多個道德發展範疇，筆者認為父母可以在家中為0至3歲的幼兒進行以「關懷倫理」（Ethics of Care）為主的道德／品德培育，亦即是關注培育幼兒的同情和同理心及鼓勵他們做出相應的利他行為。提出這建議有兩個考慮因素，第一，基於幼兒認知能力的發展階段，過早關注以認知為基礎的抽象道德觀念，無論對幼兒或父母都較為吃力。第二，也是較為重要的原因，原來兩個月大的嬰兒已經能夠做出配合照顧者的行為（Hammond et al., 2017），而在不同文化背景的家庭，照顧者也會於1週歲前後開始鼓勵幼兒參與家務，讓他們從小養成幫助別人的習慣（Giner Torrens, & Kartner, 2017）。這些「配合」及「助人」的行為是「關懷」的表現。可是另一方面，兒童發展心理學指出幼兒最早於1週歲已經會做出踢、打、咬等「傷害」別人的行為；到了2歲，不少幼兒平均每小時都會做一種「傷害別人」的行為（Dahl, 2018b）。由此可見，0至3歲的幼兒已經有足夠的認知和心理準備去進一步認識「利他」（helping）及「害他」（harming）的道德觀念，如得到適當的培育，他們便可以漸漸增強「利他」和減弱「害他」的觀念和行為。以上的描述不是指簡單的「刺激—回應」（stimulus - response）概念，而是基於前蘇聯兒童發展心理學家維果茨基（Lev Semyonovich Vygotsky）的「潛在發展區間」（Zone of Proximal Development）和

「鷹架」（Scaffolding）概念[2]。

　　作為家長，我們如何在這些方面培育幼兒，使他們成為一個「好人」（Do good and do no harm）？筆者建議家長可以嘗試以下幾種方法，為幼兒進入正規教育前在道德／品德方面打好基礎。

互動建構（Interactionist and Constructivist）方法的道德／品德培育

　　曾幾何時，我們都認為幼兒好像一張白紙，只要我們在上面「寫上」一些我們想見到的，幼兒便會有相應的表現。互動建構方法不認同意這理解，並建議我們要考慮兩個重要因素。首先，在道德發展的過程，幼兒是一個主動積極的參與者，而他們的行動會引發身邊成人的回應，在持續互動的情況下讓有關概念由零開始，一步一步的慢慢發展成較具體的概念和行為。例如以上提過兩個月大的幼兒已經能配合照顧者的照顧行為，若然在這時候照顧者加以正面的回應，如在表情及言語方面給予鼓勵（scaffold），幼兒便逐漸能學到這些行為能令身邊的人有正面的回應。家長可應用這種互動建構的方法在培育幼兒的品德上，如鼓勵他們幫助別人，在不斷的鼓勵下，他們便會掌握到「幫助別人是好」的概念及會持續做出類似的行為。

---

[2] 　維果茨基的「鷹架」概念（Scaffolding）認為兒童在成人或能力較高的同儕指導下，他們在成長事工上更容易達到較高層次的表現，但要注意這些發展只能在連續不斷的互動中發生。

同樣地，幼兒早在1週歲時也會做出「傷害別人」的行為，當這行為出現時，如果身邊的成人能夠即時作出回應，如做出「痛苦的表情」及加上相關的語言解釋，幼兒便慢慢知道這些傷害別人的行為是不好的，並會減低相關的行為。由此可見，幼兒在積極參與的過程中，可以發展出「好／壞」、「對／錯」、「助人／害人」的道德觀念。此外，從以上的例子我們也可以看到另一個影響幼兒道德發展的重要因素：必須有一個讓幼兒和成人持續不斷互動的環境，這也是我建議家長在家中進行道德／品德培育的原因。現時的幼稚園，師生比例無論如何高也不及在家中的一對一、甚至是二對一，因此道德／品德培育真的要從家庭開始，再配合課堂上老師德育課程，幼兒的道德／品德發展才會建立更穩固的基礎。

道德／品德培育的素材

　　在職家長可能會覺得能夠爭取到時間與幼兒相處已經是很難得，如果還要尋找德育教材，就未免有點吃力了。現時教育局、廉政專員公署及不少大學的研究室已經有很多有關品德教育的現成教材，供老師和家長下載參考和應用。其實，小朋友最感興趣的可能就是父母自身的經驗，如果家長能把自己的相關的經驗編成一個個的小故事，如：「媽媽今天在上班途中見到一個沒有飯吃的老人家，媽媽便把自己帶備的早餐給了她。媽媽看到老人家吃得很飽時，自己也覺得很開心，因為能夠幫助到有需要的人是一件很好的事。」這樣簡單的故事，既以「真人真事」的題材編制出來，亦

鼓勵父母們以身作則，幼兒覺得爸爸媽媽會「做好事」，自己也要做。

志同道合的親子遊樂組

　　有一位朋友常常說：現代人買一件電子零件或家用電器，無論怎麼小也會有說明書，但偏偏就是沒有說明書教我們怎樣做父母，因此我們也只可以摸著石頭過河，一邊做一邊學。其實在這過程裡我們還是可以尋找支援的，譬如我們可以組織身邊一些在親子理念方面相似、志同道合的朋友成為親子遊樂組（playgroup），定時聚會，每次聚會有特定的主題和活動，這樣既減輕個別家長的負擔，亦在這重要的人生事業上有目標相同的同行者，在艱苦的路上也不會感到孤單。

參考資料

Dahl, A. (2018a). New Beginnings: An Interactionists and Constructivist Approach to Early Moral Development. *Human Development*, 61, pp. 232-247.

Dahl, A. (2018b). How, not whether: contributions of others in the development of infant helping. *Current Opinion in Psychology*, 20, pp. 72-76.

Gilligan, C. (1997). In a different voice: Women's conceptions of self and morality. *Harvard Educational Review*, 47, pp. 481-517.

Giner Torrens, M., & Kartner, J. (2017). The influence of socialization on early helping from a cross-cultural perspective. *Journal of Cross-Cultural Psychology*, 48, pp. 353-368.

Hammond, S.I., Al-Jbouri, E., Edwards, V., & Feltham, L.E. (2017). Infant helping I the first year of life: Parents' recollection of infants' earliest prosocial behaviors. *Infant Behavior and Development*, 47, pp. 54-47.

Kohlberg, L. (1976). Moral Stages and Moralization: The Cognitive-developmental approach. In T. Lickona (ed.), *Moral development and Beheavior: Theory, research and social issues* (pp. 31-53). New York: Holt.

Molchanov, S. V. (2013). The Moral Development in Childhood. *Procedia - Social and Behavioral Sciences*, 86, pp. 615-620.

Piaget, J. (1965). The Moral Judgement of the Child. New York: Free Press.

正向教育研究室（2020）http://www.cityu.edu.hk/ss_posed/content.aspx?lang=zh&title=12, accessed on 12/10/2020.

教育局課程發展處（幼稚園及小學組）「幼稚園校長及教師專業發展課程：培育幼兒品德發展」。7/2020。（https://www.edb.gov.hk/attachment/tc/curriculum-development/major-level-of-edu/preprimary/seminars/CDI020200241.pdf）

▋ 爸媽和你上山去！

丁惠芳

無盡的疫情、無盡的困鬥 ─────────

　　過去一年，香港人因應著一波又一波的疫情，經歷了史無前例的鬱悶。小孩子被迫困在室內活動、毫無選擇地在虛擬的網上上課及接觸同學和朋友，因此在學習、社交和身心發展方面都受到影響。與此同時，身為父母的成年人在兼顧日常工作之餘，更要安排令孩子們「停課不停學」及一日三餐等等大小事宜，身心的疲累可想而知。在最近數月全港市民更像在被抽「生死籌」，不知那一天自己所住、上學或工作的地方有人不幸地感染了疫症而要接受強制檢查。如此種種均是我們從未經歷過的，每天活在不能預知當中，帶著惶恐的心情過日子好像已經成為了新常態。可是，我們是否就輕易地讓這疫情把自己「拖累」？是否就甘心於孩子的成長、我們的生活品質像世界各地的經濟一樣的零增長，甚至是負增長呢？筆者認為無論在任何惡劣的處境下，我們既要以自強來對抗逆境，更

要言教和身教並行，讓孩子們在逆境中繼續成長。

成人需要、小孩更需要到戶外舒展 ————————

在疫症侵襲下，不少城市都採取全面或局部「封城」的策略以對抗疫情，這做法也許能減低疫症的傳染，但同時也增加了人們的焦慮和壓抑感。筆者相信與其坐困愁城，倒不如（當然在安全的情況下）出外走走，特別是到山上去。上山郊遊的好處真是多不勝數，如果帶上孩子的話，我們可以在登山的路途上與孩子一起學習認識大自然的一草一木、欣賞高山和海岸的美麗，以及觀察春夏秋冬的變化規律。與孩子並肩享受登高的樂趣，除了讓他們對自己的家——香港產生歸屬感外，更可感染他們學習愛護自然環境及參與保護自己的家園。近期在山上見得最多的標語莫過於「自己垃圾自己帶走」，這就是愛護和保護家園的第一步！筆者不是行山專家，但卻是行山的實踐者，因此希望在這裡分享行山過程裡的一些反思，當中不乏一些可以與孩子分享的人生哲理。

借上山與孩子講人生哲理 ————————————

人生哲理多是抽象的概念，小孩子未必容易明白當中的道理，若然透過一些具體而又開心的親身經驗來解說，他們會較容易吸收。行山就是絕佳的機會，踏著步、說著笑，說著笑著便能把人生哲理寄寓於山中的景象或處境中，讓綠油油的山景掃上哲理的色彩。

黑暗過後黎明再來

　　山的特性就是有高低起伏，起步的時候，路途多是平坦的，但大部分的山路均會在一段距離後開始向上斜。平路當然較容易行，上斜路就比較吃力，是否感到十分吃力就要看山路的斜度和不同人的體能了，缺乏鍛鍊的人「行到氣喘」是很正常的。這一山的「起伏特性」就蘊含了一些人生的道理。山路的高低可以比喻為人生道路的高低起落，平坦的路就如風平浪靜的日子，很容易走過；但陡峭的路就如遇上了大小不一的困難，要費點力氣才可以克服。筆者建議把重點放在「克服」而不在「費力」上。我們可以和孩子分享的是：當遇上難行的路時，我們要把持著不放棄的念頭，慢慢地一步一步走，總會走到去下一段較平坦的路，到時不但可以喘一口氣，更可以回望走過的路，並發覺原來自己是有能耐可以克服困難的。簡單的道理就是：在黑暗時刻要懷有「黎明再來」的信念，只要能夠堅持下去，黑夜總會過去，等待我們的是晨光初露的黎明。

登高見博，擴闊視野

　　山的最大特性就是「高」，那麼上山就等同是登高，中國傳統習俗也有在重陽節登高的習慣，登高的目的則眾說紛紜，如登高避邪、避災、祈福和辭青等等。在疫情肆虐下，登高或許真的可以避邪避災！然而，我認識的很多山系朋友則以「高」為目的，越高的山就越吸引，我也一度以登遍香港五十座高山為目標。但是上的山

多了就慢慢發覺身處高山最引人入勝的地方其實是可以「望遠」。在山腳時，舉目能見的只是樹木和泥土，什麼風景也看不到；但當身處山頂，無論是三、兩百米高的小山丘，還是九百多米高的香港之巔大帽山，我們能看到的風景比起在山腳時多出何止百倍千倍，因為身在高處就能看得遠。這就可比喻為困在前路未明的處境時，如能爬升到一定的高度，視野必能擴闊，此刻在面前的困難將不再是唯一甚或永遠存在的景觀，上得越高，看到其他景觀的可能性就越大，這不只是信念的問題，也是簡單的邏輯和物理學上的理解。

樂趣是留給有準備的人 ─────────────

其實很多香港人和筆者一樣在過去一年裡也養成了上山的習慣，我通常在出發前會掌握到詳細的上山下山路線（仔細研究遠足／登山的應用程式及瀏覽登山界朋友發放的短片等）、路程的長短及所需時間、往返的交通工具、當天的氣溫和晴雨狀況、沿途有沒有補給等等的資訊。或者，可以說我是膽小，但由於我通常都是同行人士的領隊，因此有系統地準備是責任感的表現吧！不用說這些習慣在工作、學習和一般生活上一樣可以應用。但在過去一段日子裡，常在山上碰到好些行山人士一臉茫然地向我求助，最多是問路，也有要補給如水、食物、甚至電話電池和充電器。雖然我不贊成過度的準備如帶太多的食物、水和衣服，因為這會加重身體的負荷，但最基本的準備如瞭解行程、足夠的水和食物及適當／量的衣服是必須的，不然好事就會變成壞事。於此，我們可趁機教導孩子

養成做好準備的習慣，在出發前與他們一起商量好登山的準備如預覽路線、查看天氣預告、各種補給等等，事後也要檢討，為下一次登山做更好的準備，讓孩子學會未雨綢繆，計劃好每一天！

同行同學同成長

不少行山的意外均與獨行有關，因此登山活動必須結伴同行，就是發生意外也有個照應，小朋友也應從小學會這重要的登山活動守則。在這裡筆者想強調的是如何有效地向孩子們灌輸以上的「道理」。筆者在之前的一篇文章〈媽媽想你做個好人〉裡也寫過我家孩子是在與志同道合朋友組成的「親子遊樂組」裡成長的，如要向孩子灌輸以上的「道理」，最有效不過的方法就是與一群小朋友有商有量地「研討」，因為朋輩是小孩子成長的重要夥伴，有朋友一起參與的活動一定變得更輕鬆愉快，一起的學習也來得更有趣、容易和持久。再者，不妨也教導小朋友在登山時互相扶持的重要性，當中包括分享食物、飲料、汗水和歡樂，讓孩子們可以在生活中建立和實踐這些重要的人生道理和生活之道。

疫情下的得與失

誠如半杯水的道理，在疫情下你可以感到無耐與無助，但也可以因時制宜，爭取機會與孩子一起克服困難、一起學習和一起成長。香港地方雖小，但卻有著很多美麗的海岸，也許因此而出了一位滑浪風帆的奧運冠軍；香港也有很多令人嘆為觀止的山脈，當然

也有不少出了名及仍然潛伏在民間的登山高手。作為父母，如孩子們能夠從登山活動裡學到了一些人生道理的話，那麼我們不但沒有辜負了香港壯觀的山脈，更能把這些「山的啟示」一代一代的傳承下去。

　　「在疫情還是沒完沒了的日子裡，但願我們能在山上除罩相見！」

家校分工：
兒童品格與知性教育的結合

梁桂英

筆者的外甥女子晴不經不覺已經在美國渡過了五個寒暑，而她的兒子也快將兩歲了。前幾天筆者與她的母親在電話中閒聊，得知她開始留意教育問題，為兒子快將入學作準備。其實，自她的兒子出世後，子晴便毅然放下工作，轉為全職媽媽，在家親身教導兒子。相信這個決定絕對是基於認同教育對孩子的重要：父母既是孩子一生中遇上的第一位老師，也是孩子各方面的啟蒙老師，亦是孩子的品格塑造者，這是從古到今一個不爭的事實！

很多香港家長都希望自己的孩子贏在起跑線上，包括送自己的孩子上午、下午兩所幼稚園，餘暇讓孩子參加多個興趣班，期望孩子有十八般武藝，十張八張證書，多個獎項等等，從而可以升讀父母心儀的小學。當然，很多香港的雙職家長因為工作十分忙碌，加上補習社的盛行和便捷，便會將自己子女的管教及學習假手於補習

社或補習老師，好讓自己騰出更多私人時間，更重要的是可減少與子女因管教及功課問題而引起的衝突。然而，此舉卻是弄巧反拙，父母在極力維繫親子關係的前提下，竟不知不覺地將這種親密的親子關係畫上句號。有些家長甚至對自己子女平日的學習情況一無所知，最終因子女的行為問題或學業成績欠佳而怪責補習老師或學校，卻又未能對症下藥地解決子女的問題。

筆者從事教育多年，目睹不同的父母對教育的看法，他們對孩子的教導方式，影響孩子最為深遠。很多家長會將教育孩子的責任，尤其品格教育，全部交託學校，而忽略了家庭教育的重要性。與此同時，亦有很多家長只著重學業成績，而忽略品格教育，影響了孩子的個人成長素質。孩子的模仿能力很強，成年人的一言一行，孩子都會依樣葫蘆地仿效。因此，家長日常的態度和行為，與孩子的個人成長素質息息相關。家長應教導子女自小學習「愛」和「尊重」，因為孩子的成長受著家庭、學校、朋輩及社會的影響，前兩者影響兒童時期的發展，而後兩者影響青少年時期的發展至為重要。

學校在教導孩子成長的旅途上亦扮演著相當重要的角色。學校是一個小社會，孩子在學校裡學習，所遇見的人和事亦天天伴隨著他們成長，故一所優質的學校亦是香港家長趨之若鶩的。學校的教育除了傳授知識外，亦著重學生品格的培育及人格的發展，培養學生自小建立良好的價值觀和態度。此外，學校亦需提供多元化的活動讓學生參與，使他們的潛能得以發揮，以至能令他們在成

長過程中發光發熱，幫助他們建立自信及自我價值。以我校民生書院小學為例，我們深信每一位學生都是各有所長，獨一無二的。為此，我們提供多元化的活動及比賽讓學生參加，致力培育他們成為具有自信和創造力的人才。過去數年，學校在學界的各項比賽中，無論運動、數學、朗誦、機械人創作、英語戲劇、視覺藝術、音樂等範疇都成績斐然。同學在校際田徑比賽中，每年成績節節攀升，屢破學界紀錄，去年更在六個團體獎項中分別獲五冠一亞的成績。在美國底特律2018 ROBOFEST機械人世界賽的JUNIOR SURPRISE CHALLENGE賽事中，同學獲得滿分的成績勇奪「世界冠軍」寶座；而在JUNIOR GAME的賽事中亦表現超卓，獲得「最佳創新獎」。誠然，學生在參與活動及比賽的過程中，除了擴闊他們的眼界，亦可增加他們的見聞和膽量，肯定自己的努力和付出，明白「一分耕耘，一分收穫」的道理，對學生平日的行為和讀書的態度均帶來正面影響。

這一年來，香港以至世界各地飽受新型冠狀病毒病的煎熬，疫情對市民的生活及各行各業皆帶來巨大的影響。學校亦因疫情而停課，被迫轉為網上教學，學校教育亦隨之而進入新常態。無論教師、家長以至學生，在這種新常態下，亦能發揮香港人靈活變通、適應環境、拚搏奮鬥的精神。

▍作者簡介

（按中文筆劃序）

丁惠芳博士

丁博士於1988至2018年間於香港理工大學任教社會工作和輔導學，退休前為副教授。其後加盟了太陽島教育基金，並擔任九間幼稚園及幼兒中心的校監。幼兒階段是個人成長的基礎，正所謂「3歲定80」，幼兒教育工作實在是任重道遠。

孔德維博士

歷史及宗教研究學者，香港大學哲學博士，香港中文大學哲學碩士、文學士；現職於費薩爾國王學術與伊斯蘭研究中心、香港中文大學伊斯蘭文化研究中心及國立中山大學台港國際關係研究中心。研究全球化早期的東亞文化變遷，並對地域內的少數族群（主要但不限於中國的伊斯蘭教和基督教）的信仰、身分認同及與主流社會的互動。他亦於香港大學及香港教育大學任職客席講師，籌備

及任教歷史及宗教史相關的科目。孔氏早年肄業於民生書院，於2011年與民生書院畢業同學深切體會日校教育種種不足，創辦文宣學社，為香港清貧學童提供免費教育及升學就業輔導；文宣學社成為《稅務條例》第88條獲豁免繳稅的慈善機構，更名拾芥堂並繼續為香港中學生提供相關教育服務。

李立中校長

基督教聖約教會堅樂中學校長，香港大學理學士，香港科技大學理學碩士，現任香港中文中學聯會外務秘書，多年積極推動自主學習、生命及創新教育。

李建文校長

天主教慈幼會伍少梅中學校長、社會工作學士、社會科學碩士（輔導）、文學碩士（通識教育）、教育文憑。香港專業輔導協會副院士、香港教育大學亞太領導及變革研究中心教育領導學人。大學畢業後曾任職青少年外展社工，及後轉任中學教師。在二十多年的教育工作中，曾借調至教育局支援學校發展，並曾擔任行政長官卓越教學獎評審顧問。在2012-2018年期間，於香港浸會大學持續進修學院兼任講師，培訓幼稚園校長及中、小學訓輔人員。李校長一直相信沒有不愛學習的孩子，多年來致力為學生提供優質教育。李校長關心基層學童及弱勢群體的學習及生涯發展，並積極推動教育創新、培育未來領袖。

李美嫦校長

　　胡素貞博士紀念學校校長，香港中文大學價值教育碩士，曾任小學常識科專責委員會主席及行政長官卓越教學獎（常識科）評審委員。任職學校曾獲兩次（2013/2014及2017/2018年度）行政長官卓越教學獎（體育學習領域）、教育局與南聯教育基金合辦「第二屆品德教育傑出教學獎」優秀獎（小學組）及「2019年大灣區STEM卓越獎」優異獎及「2020年大灣區STEM卓越獎」十佳學校。現任課程發展議會個人、社會及人文教育委員會委員。

沈旭暉博士

　　國際關係學者，本科、碩士畢業於耶魯大學，博士畢業於牛津大學，回港後在香港中文大學創立全球研究學士課程、全球政治經濟碩士課程、國際關係研究中心等，任主任兼副教授，然後投身創投，創辦GLOs國際關係產業聯盟並任主席，並繼續於香港中文大學、香港大學、香港科技大學擔任客席副教授，定期於中外媒體撰寫國際關係評論和受訪，目前業務主要在香港、台灣、新加坡。

吳凱霖女士

　　幼兒教育專家，親職專欄作家。育有兩女的三職母親，碩士主修國際關係，成為母親再完成兒童與家庭教育碩士，研究見於學術期刊，現為多元學習坊高級總監。公眾教育方面，開設《Hello Bonnie國際親子台》（https://www.facebook.com/hellobonniemami/）

與家長分享各地育兒經驗，著作有《跟孩子說ok！——釋放孩子的99種可能》及《口罩下的微笑》，於《Oh!爸媽》、《明報》、《HK01》、《香港教育城》、《BEAgazine》等不同報章及親子平台撰寫專欄。

洪細君校長

　　現任沙田崇真學校校長。洪校長先後獲英國倫敦大學教育學士和香港中文大學教育碩士。教育格言是「喜歡和小孩子一起體驗生活，認識真理追尋學問」。她榮獲「第三屆卓越教育行政人員獎勵計畫」卓越教育行政人員獎。在她領導下，沙田崇真學校成立辯論隊，並獲2018年第八屆全港小學校際辯論賽冠軍和總決賽我最喜愛辯論員。

紀治興太平紳士

　　豐盛社企學會會長，亦是香港浸會大學工商管理學院客席教授、伯特利神學院城市宣教學客席教授及博士候選人評審委員，以及香港理工大學應用社會科學系顧問委員會成員。除了擔任扶貧委員會「社會創新及創業發展基金專責小組」委員，紀博士亦是香港中華基督教青年會董事；他亦曾任民政事務局「社企諮詢委員會」委員、勞工福利局「社區投資共享基金」委員，及政府資訊科技總監辦公室「數位共融專責小組」組員。

張展鈴博士

民生書院幼稚園校長，九龍城區幼稚園校長會主席，香港浸會大學及香港專業教育學院兼任講師，曾獲行政長官卓越教學獎。

梁桂英校長

現任民生書院小學校長，先後獲香港中文大學教育學士及碩士（教育行政）。在小學任職逾30年，現任九龍城區校長聯絡委員會副主席、九龍城區公益少年團執行委員會副主席、九龍城區公民教育運動統籌委員會委員、九龍城區校長會及女童軍分會義務司庫。

梁賀琪主席

香港大學文學院翻譯系學士及歐洲大學工商管理博士，梁賀琪為遵理集團創辦人及精英匯集團控股集團有限公司（港交所上市編號：1775）主席。從事前線教育工作超過三十年，期間撰寫了多本學術著作及其他暢銷書籍。2015年，遵理集團被哈佛商學院選為研究課題，探討其成功的因素，案例名為「遵理集團——香港『影子教育』行業中的曙光」。梁賀琪一直致力提升私營教育從業員的專業水平，曾在多個公開講座中任演講嘉賓，其中包括哈佛大學主辦的「哈佛中國教育論壇2015年會」。梁賀琪亦於2019年成立了非牟利慈善機構「向上游教育慈善基金」，目的為促進普及和平等教育，為本港青少年提供向上游推動力，激發及協助基層家庭學生學習、發展創意及培養正向思維。

麥嘉晉先生

　　智慧農業科技公司「水耕細作」聯合創辦人及行政總裁，主力在香港及東南亞地區發展智慧城市農業科技項目。現亦出任香港特區政府「工業貿易諮詢委員會」非官守任命委員、「消費者委員會」委員和「發展品牌、升級轉型及拓展內銷市場的專項基金」委員等公職，為本地創新企業開拓更多投資和進入海外市場的機會、與專業團體合作發展智慧城市，並向政府提供相關政策建議。此外，亦是「香港電台節目顧問團」顧問、客席主持不同電台時事評論節目，以及不時在各大主要報章媒體撰文評論時政及作政策倡議。曾為2003-2004年度香港大學學生會會長，同年亦出任香港大學校務會（HKU Council）及教務會（HKU Senate）學生委員。

曾家洛先生

　　GLOCAL EDUCATION總監、Roundtable營運顧問。同時持有哲學碩士（M. Phil）和教育碩士（M. Ed）學位。曾任職大專院校，參與支援中、小、幼各階段學校工作超過十年。同時為課程發展議會屬下修訂宗教教育科（中一至中三）課程專責委員會委員。亦為資深教材及教育專書編輯，所編之《全球倫理與全球化：通識資料匯編》獲教育局《通識教育科課程資源冊系列：全球化》列為學生參考讀物之一。多年來，亦於不同報刊撰寫教育文章及接受訪問，分別刊登於「HK01」、《星島日報》、《明報》、《經濟日報》、《明報》、《大公報》、《都市日報》和《公教報》。

黃鉅鴻教授

民生書院前校監、現任校董；香港中文大學政治及行政學系客座副教授；香港公共行政學會創會主席。

雷兆恆博士

AI學者，專長電腦音樂技術研究。新加坡科技設計大學（SUTD）資訊系統技術與設計系客座教授，曾任美國麻省理工學院（MIT）訪問助理教授，香港科技大學（HKUST）電腦科學系哲學博士（Ph.D.）畢業。為全球最早的iOS應用程式開發者之一，其app產品曾於7個國家地區的iOS網上商店分類銷量第一，曾見於CNN專訪及IEEE雜誌封面故事。早年活躍於音樂製作，曾參與方皓玟及王浩信的早期唱片製作及小提琴獨奏，亦曾於陳奕迅、鄭秀文及劉德華音樂會任beatbox嘉賓。

黎淑儀校長

現任大埔浸信會幼稚園校長，從事幼兒教育三十多年，並為香港浸信會聯會幼兒教育部員、多間幼稚園校董，寶田幼稚園校監，大埔北區校長會執行委員及香港浸信會幼稚園執行委員一職。

▊ 編輯及鳴謝

主編：孔德維

作者名單（按中文筆劃序）

丁惠芳博士

孔德維博士

李立中校長

李建文校長

李美嫦校長

沈旭暉博士

吳凱霖女士

洪細君校長

紀治興太平紳士

張展鈴博士

梁桂英校長

梁賀琪主席

麥嘉晉先生

曾家洛先生

黃鉅鴻教授

雷兆恆博士

黎淑儀校長

鳴謝：

專欄刊登：

灼見名家
MASTER-INSIGHT.COM

統籌供稿：

PF0300

香港教育3.0：更新、變革與轉型

主　　編	孔德維
責任編輯	尹懷君
圖文排版	楊家齊
封面設計	蔡瑋筠

出版策劃	GLOs
法律顧問	毛國樑　律師
製作發行	秀威資訊科技股份有限公司
	114 台北市內湖區瑞光路 76 巷 65 號 1 樓
	電話：+886-2-2796-3638　傳真：+886-2-2796-1377
	服務信箱：service@showwe.tw
	http://www.showwe.com.tw
郵政劃撥	19563868　戶名：秀威資訊科技股份有限公司
展售門市	三民書局【復北店】
	104 台北市中山區復興北路 386 號
	電話：+886-2-2500-6600
網路訂購	秀威網路書店：http://www.bodbooks.com.tw

出版日期	2021 年 6 月　BOD 一版
定　　價	450 元

版權所有 ‧ 翻印必究（本書如有缺頁、破損或裝訂錯誤，請寄回更換）
Copyright © 2021 by Showwe Information Co., Ltd.
All Rights Reserved

Printed in Taiwan

讀者回函卡

國家圖書館出版品預行編目

香港教育3.0：更新、變革與轉型 / 孔德維主編.
-- 一版 . -- 臺北市 : GLOs, 2021.06
面；　公分
BOD 版
ISBN 978-986-06037-7-4(平裝)

1. 教育　2. 文集　3. 香港

520.07　　　　　　　　　　110009146